CES 5 minutes qui comptent… dans un ENTRETIEN D'EMBAUCHE

Direction de la publication : ISABELLE JEUGE-MAYNART et GHISLAINE STORA

Direction éditoriale : CATHERINE DELPRAT

Responsable d'édition : BETHSABÉE BLUMEL

Illustrations : ALAIN BOYER

Direction artistique : EMMANUEL CHASPOUL

Conception de la maquette : VIOLETTE BENILAN

Mise en page : ÉMILIE LAUDRIN

Couverture : VÉRONIQUE LAPORTE

Fabrication : MARIE-LAURE VAILLÉ

Avec la collaboration de LAURENCE ALVADO

ISBN 978-2-03-591842-0

KARINE AVERSENG

CES 5 minutes qui comptent… dans un ENTRETIEN D'EMBAUCHE

Et si **votre image** faisait **la différence ?**

POCHE

LAROUSSE

SOMMAIRE

Introduction 9

1. Un entretien, ça se prépare ! 11

- **Menez l'enquête sur l'entreprise et sa culture** 15
- **Respectez les codes vestimentaires de l'entreprise** 20
- **Les codes vestimentaires du secteur d'activité et de la fonction** 23
- **Trouvez chaussure à votre pied** 30

2. Donnez une bonne image de vous au recruteur 33

- **Une hygiène irréprochable** 37
- **Les multiples facettes de votre image** 38
- **L'apparence : un élément clé du recrutement** 42
- **Apprenez à vous connaître pour mieux vous vendre** 45
- **Le langage des couleurs pour projeter l'image désirée** 49
- **Soignez votre look, votre présentation** 56
- **Conseils vestimentaires de base pour un entretien** 60

3. Le jour J : l'arrivée dans l'entreprise 65

- **La présentation et l'attente à l'accueil** 69
- **Impact du stress sur votre image** 71
- **Les méthodes pour gérer votre stress** 74

4. La première impression : vous n'y échapperez pas 79

- La première impression : un moment clé 83
- À quoi pensent les recruteurs ? 85
- L'importance de la communication non verbale 89
- La poignée de main : le premier contact physique avec le recruteur 92
- Soignez votre entrée 97
- Distances et positions à adopter face à votre interlocuteur 99

5. Vos gestes parlent de vous 105

- La synergologie 109
- Identifier les gestes parasites 111
- Petite revue des gestes parasites 116
- Quel est l'intérêt de connaître les gestes parasites ? 122
- Pouvons-nous contrôler nos gestes parasites ? 124
- Les gestes positifs 126

6. Le visage 131

- Les expressions faciales 135
- La voix et ses intonations 139
- Le regard et le sourire : les indispensables 144

7. Soyez maître de l'entretien ... 153

- Comment réagir face aux différents comportements des recruteurs ? ... 157
- Travaillez votre confiance en vous ... 163
- Apprenez à décoder les postures ... 167
- L'importance du regard ... 171
- Écoute et empathie : les incontournables ... 175
- Savoir gérer les silences ... 178
- La synchronisation pour mieux entrer en contact avec votre interlocuteur ... 182

8. La e-réputation : soigner votre image sur la Toile ... 187

- Pourquoi est-ce si important d'être présent sur les réseaux sociaux professionnels? ... 191
- Attention, les recruteurs vous observent ! ... 193
- Comment soigner votre e-réputation ? ... 197
- Se construire un bon profil ... 199

9. Des professionnels pour vous aider à progresser ... 205

- Des coachs pour vous aider à atteindre vos objectifs ... 209
- Les conseillers en image ... 214
- Améliorez votre apparence grâce aux activités physiques ... 219
- Travaillez votre voix avec des experts ... 224

Conclusion & Bibliographie ... 229 à 237

Introduction

En entretien d'embauche, la première impression que vous donnez de vous sera cruciale. Être trop décontracté en vous disant simplement que vous serez vous-même sans rien préparer ne fonctionnera pas. Un entretien se prépare et se prépare même beaucoup.

Le recruteur tiendra compte de votre communication verbale (votre discours, vos arguments) mais aussi de votre communication non-verbale (vos attitudes, votre tenue vestimentaire, votre démarche, votre façon de lui serrer la main, de le regarder, de l'écouter...).

C'est une réalité : vous serez jugé sur votre image et cela avant même que le moindre mot ne soit sorti de votre bouche. Révoltez-vous, criez au scandale et décidez de ne pas entrer dans le système, ou acceptez-le comme un fait établi et apprenez dès maintenant à donner le meilleur de vous-même pour réussir.

Il n'est pas question de vous travestir, de radicalement changer votre image ou votre personnalité, mais simplement de connaître certaines règles qui vous permettront de passer les barrages.

Ce livre, qui traite essentiellement des aspects non verbaux, a pour but d'améliorer, de fluidifier votre communication, votre présentation, de mieux cerner les attentes de votre interlocuteur, et donc de mieux y répondre... en entretien d'embauche, mais également dans toute autre relation de communication.

1. Un entretien, ça se prépare !

Que vous ayez répondu à une annonce ou que vous ayez été chassé par un cabinet de recrutement, vous ne pouvez pas vous rendre à un entretien avec la direction des ressources humaines d'une entreprise les mains dans les poches, sans rien connaître de l'entreprise dans laquelle vous allez être reçu.
Vous devez savoir vous présenter, c'est-à-dire vous vendre auprès de l'employeur ou du recruteur, lui donner envie de vous engager pour vos compétences, votre expérience, votre personnalité et votre image.
Vous devez également montrer à votre interlocuteur que vous vous êtes renseigné sur la structure, sur les codes vestimentaires en place.
Connaître l'entreprise et ne rien ignorer de ses besoins et de sa philosophie sont autant de points essentiels qui vous permettront d'accrocher l'attention de votre interlocuteur et de vous distinguer.
Le rôle du recruteur sera de vérifier que vous êtes en adéquation avec le poste, mais également avec l'entreprise, en terme de culture, d'image, de valeurs...
Il est donc impératif que vous sachiez précisément où vous mettez les pieds, pas seulement pour le recruteur, mais aussi pour vous...

MINI SOMMAIRE

- Menez l'enquête sur l'entreprise et sa culture
- Respectez les codes vestimentaires de l'entreprise
- Les codes vestimentaires du secteur d'activité et de la fonction
- Trouvez chaussure à votre pied

Menez l'enquête sur l'entreprise et sa culture

Les recruteurs sont étonnés du nombre de candidats se présentant aux entretiens sans rien connaître de l'entreprise. Cela dénote un manque d'intérêt, un manque de motivation et d'investissement.
Alors, à vos claviers !

Chaque entreprise possède sa propre culture

C'est l'ensemble des règles, des valeurs, des normes, des symboles, des rituels, des mythes, des codes vestimentaires... qui font la culture d'entreprise, et donc son identité propre. **Une culture d'entreprise existe toujours, qu'elle soit voulue ou subie,** exprimée ou tue, implicite ou explicite. Une culture cohérente et forte est considérée comme un atout pour l'image de l'entreprise vis-à-vis des partenaires extérieurs et sert également à la valoriser auprès des candidats potentiels.

Le rôle de la culture d'entreprise dans l'entretien

Elle peut jouer un rôle dans le recrutement en permettant aux futurs collaborateurs de se reconnaître dans ce que l'entreprise présente comme son identité. Au-delà des compétences, **toute entreprise va chercher à recruter des personnes qui sauront partager ses valeurs.** Cette adhésion à l'esprit d'entreprise est une garantie d'implication, de motivation et de performance des salariés.
La culture d'entreprise est également un vecteur de fidélisation en diminuant le turnover et en développant un sentiment d'appartenance au groupe (le turnover représentant le taux de rotation du personnel). Un fort turnover peut être le signe d'un malaise social. Partager les valeurs de l'entreprise garantit enfin que le salarié la représentera dignement face à des interlocuteurs extérieurs.

Les bonnes méthodes pour se renseigner sur l'entreprise

PREMIER CAS DE FIGURE : VOUS CONNAISSEZ LE NOM DE L'ENTREPRISE POUR LAQUELLE VOUS POSTULEZ.

Le premier réflexe est évident : tapez son nom sur un moteur de recherche Internet. Consultez son site Web et soyez au courant de son actualité. Vous pouvez rechercher des informations sur l'entreprise en allant sur Google Actualités ou encore sur www.societe.com, www.infogreffe.fr, www.verif.com. Parcourez attentivement toutes les pages à votre disposition.

Ensuite, une autre astuce consiste à vous rendre sur le lieu de l'entreprise et de passer du temps à observer les personnes qui y entrent et qui en sortent. Vous pourrez ainsi visualiser le style vestimentaire des salariés, noter le comportement des uns à l'égard des autres : semblent-ils stressés, s'embrassent-ils, rient-ils, se pressent-ils, communiquent-ils ensemble ?... Cela vous donnera une idée de l'ambiance qui règne dans cette entreprise et de décider si vous avez ou non envie de l'intégrer. Dans le cas d'un immeuble de bureaux, n'hésitez pas à vous adresser à l'accueil en expliquant votre démarche (que vous souhaitez connaître le style vestimentaire du personnel, la moyenne d'âge, l'ambiance...).

N'oubliez pas de solliciter votre réseau. Il y a peut-être, parmi vos relations, des personnes qui ont déjà travaillé pour cette entreprise ou qui connaissent une personne y travaillant.

Et enfin, utilisez les réseaux sociaux professionnels tels que Viadeo ou LinkedIn pour chercher des salariés, anciens ou actuels de l'entreprise, afin de leur poser quelques questions sur l'histoire et la culture, le fonctionnement de l'entreprise, l'ambiance de travail, le code vestimentaire... Ils le feront très volontiers : alors, n'hésitez pas.

SECOND CAS DE FIGURE :
VOUS NE CONNAISSEZ PAS LE NOM DE L'ENTREPRISE POUR LAQUELLE VOUS POSTULEZ.

Si vous avez répondu à une offre d'emploi anonyme, utilisez tous les indices de l'annonce pour deviner de qui il s'agit. Si

vous avez été chassé, vous n'avez souvent aussi que très peu d'informations. Dans tous les cas, n'hésitez pas à questionner votre interlocuteur lors de l'entretien téléphonique préalable. Les recruteurs sont sensibles aux candidats qui leur posent des questions sur la stratégie de l'entreprise, ses valeurs, ses perspectives de progression, l'évolution du poste.
Le recruteur n'est pas là pour vous piéger, mais bel et bien pour trouver la perle rare. Alors soyez le plus transparent et le plus honnête possible, car le cabinet peut vous proposer un autre poste ou garder votre CV pour plus tard s'il s'aperçoit que vous ne pourriez pas vous épanouir dans l'emploi ou la structure en question.

En résumé

Les informations à réunir sur l'entreprise

- **La réputation de ses produits et/ou services :** quels sont ses produits ou ses services ? Sont-ils leaders sur le marché. Quels sont ses concurrents ?...
- **Son histoire :** date de création, fondateurs, évolution, nombre de salariés, implantations...
- **Ses résultats :** l'entreprise sort-elle d'une crise, est-elle en plein essor ? Quel est son chiffre d'affaires ?...
- **Ses valeurs :** vous n'adopterez pas le même discours si vous vous adressez à un groupe conservateur, dont les valeurs dominantes pourraient être la tradition, la qualité, l'intégrité, ou à une jeune entreprise qui misera, elle, sur l'innovation, le partage, la créativité.
- **Ses codes vestimentaires :** chaque entreprise, ou presque, possède des codes vestimentaires. Vous devez adapter votre tenue à l'entreprise.
- **Sa politique des ressources humaines :** l'entreprise pratique-t-elle des recrutements diversifiés, une valorisation et un développement des compétences ? S'implique-t-elle dans la formation de ses salariés ? Pratique-t-elle la promotion interne ?...

Renseignez-vous
sur l'entreprise
avant de vous rendre
à l'entretien.

Que faire des informations que vous avez trouvées ?

Même si votre fonction ou votre métier ne sont pas directement concernés par le secteur, les produits vendus ou les concurrents, il est important de les connaître. L'idée n'étant pas d'abreuver votre interlocuteur de tout ce que vous avez lu, mais de pouvoir répondre à ses interrogations à bon escient ou de préparer une liste pertinente de questions à lui poser. Il faudra donc manier ces informations et ces chiffres avec intelligence pour les distiller avec parcimonie lors de l'entretien.
Dans le cas contraire, vous serez perçu comme un candidat immature et trop scolaire.

EN RÉSUMÉ

Pour les besoins de l'entretien, recherchez le maximum d'informations sur l'entreprise avant d'être convoqué.

• Comment ? Allez sur leur site Internet, sur Google Actualités, rendez-vous à la sortie des bureaux, sollicitez votre réseau, utilisez les réseaux sociaux professionnels, contactez des anciens membres du personnel ou ceux en poste.

• Quoi ? Recherchez tout ce qui concerne la nature de son activité, son histoire, ses résultats, ses valeurs, sa politique RH et ses codes vestimentaires.

N'ayez pas peur de questionner votre interlocuteur sur l'entreprise (évitez, par contre, les demandes concernant les avantages salariaux, tickets restaurant, comité d'entreprise, primes...).

• L'entreprise cherche à engager des collaborateurs partageant ses valeurs, ses principes et ses codes vestimentaires.

• Distillez les informations avec justesse et intelligence au cours de l'entretien.

Respectez les codes vestimentaires de l'entreprise

Parce que votre image, c'est aussi l'image de votre entreprise, l'exigence d'une bonne présentation, autrefois réservée aux commerciaux et aux cadres, s'étend peu à peu à tous les collaborateurs de l'entreprise. Aujourd'hui, le maître mot est « adaptabilité ».

Les codes vestimentaires, vecteurs de la communication non verbale

L'entreprise est l'un des lieux où l'apparence est la plus codifiée, à commencer par la façon dont on s'habille. Le Dress code, ou code vestimentaire, permet de communiquer les valeurs et la culture de l'entreprise. Le salarié est ainsi reconnu comme faisant partie de la même « tribu ». Dans les années 1990, les informaticiens, en position de force, ont imposé à leurs employeurs le jean troué et le tee-shirt. Aujourd'hui, tout cela est en perte de

VÉCU

Incroyable !

UBS, une banque suisse, est allé jusqu'à éditer un manuel de 44 pages pour apprendre à ses salariés à afficher une « apparence impeccable » ! Ce guide donne des conseils concernant la coiffure, le repassage, le maquillage, le choix des chemises et des chaussures, la couleur des sous-vêtements.

Toute grande entreprise a son code vestimentaire et certains ne sont pas moins détaillés que celui d'UBS. Le *Wall Street Journal* rappelle ainsi que l'un des premiers à avoir été établis – et l'un des plus stricts – est celui de la Walt Disney Company.

vitesse. Les patrons veulent se rassurer avec une image plus sérieuse et les entreprises sont de plus en plus soucieuses de leur image.
Selon une étude réalisée en juillet 2010 par le site de recrutement Monster sur la tenue vestimentaire adoptée au travail, 81 % des salariés ne se voient pas imposer de Dress code par leur entreprise, mais 58 % affirment néanmoins veiller à leur tenue vestimentaire afin de ne pas nuire à l'image de leur entreprise. Un salarié sur 10 interrogés porte une tenue plus décontractée le vendredi, le fameux *Friday wear* (« tenue du vendredi ») ou *casual day* (« jour décontracté ») importé des États-Unis !

Existe-t-il une obligation de respecter le Dress code au travail ?

L'employeur ne peut pas imposer à ses salariés la tenue qu'ils doivent porter, mais il peut estimer que certaines sont incompatibles avec la bonne marche de l'entreprise et demander de faire cesser ce trouble. La Chambre sociale de la Cour de cassation est venue rappeler le 23 mai 2003, à l'occasion de son célèbre arrêt « du bermuda » (voir encadré, page suivante), que la liberté de se vêtir à sa guise n'entre pas dans la catégorie des libertés fondamentales.
Le Dress code n'existe pas en France de façon contraignante. Néanmoins, les salariés adoptent un mimétisme vestimentaire et la pression professionnelle suffit souvent à les contraindre à adopter la tenue de rigueur dans leur milieu professionnel s'ils ne veulent pas en être exclus.
Des obligations vestimentaires peuvent être stipulées dans le contrat de travail, dans le règlement intérieur, dans une note de la direction. L'interdiction ou l'obligation (de porter un vêtement ou non) doit être liée à la nature de l'activité et répondre à un objectif précis, comme la protection de l'image de la société, la crédibilité de celle-ci auprès du public… Le licenciement est un cas un peu extrême. Quand les codes ne sont pas respectés, les entreprises privilégient plutôt le blâme ou l'avertissement si les discussions amiables n'aboutissent pas.

Comment connaître les codes vestimentaires d'une entreprise ?

Il est très instructif d'aller regarder les salariés entrer et sortir de leur entreprise pour observer leur style vestimentaire. Portent-ils plutôt le costume ? Sont-ils très décontractés (jean, baskets) ? Les femmes sont-elles très apprêtées, en tailleur-jupe ?... Tous ces indices vous permettront de commencer à établir le code vestimentaire de l'entreprise que vous pourriez intégrer. Vérifiez si l'entreprise édite un guide, un manuel, dans lequel elle a édicté des règles concernant les codes vestimentaires. Et enfin, renseignez-vous sur les codes vestimentaires de votre fonction, de votre métier (que nous développerons dans le prochain chapitre).

Attention aux différences interculturelles

Si le port du traditionnel costume-cravate est largement répandu et encouragé dans plusieurs pays comme le Japon ou l'Inde, les pays nordiques, comme la Suède, ou certains pays d'Europe de l'Est, comme la Hongrie, ont une conception différente du code vestimentaire en milieu professionnel. Les tenues y sont moins guindées, moins conventionnelles.

À SAVOIR

L'ARRÊT DU BERMUDA

En 2003, un jour de forte chaleur, un employé de la Sagem vient travailler en bermuda. Sa hiérarchie s'indigne de cette tenue jugée inadaptée. Le salarié fait valoir qu'elle est tout à fait correcte et que son travail donne toute satisfaction. Mais il se voit notifier un licenciement pour perte de confiance après « avoir marqué publiquement son refus d'adhésion aux valeurs fondamentales de la société ». Il entame alors une procédure prud'homale, mais n'obtient pas gain de cause.

VÉCU

Inadapté !

Un Français, nouvellement nommé directeur des ventes, s'expatrie au Danemark. Comme à son habitude, il revêt son costume-cravate pour aller travailler. Au bout de quelques semaines, il se rend compte que la glace n'est pas rompue avec ses nouveaux collègues.

Pourtant chaleureux et extrêmement compétent, il fait tout pour s'intégrer dans son nouveau poste. Il en fait part à un collaborateur qui lui indique qu'il devrait enlever sa cravate, car seuls les hauts dirigeants de l'entreprise en portent dans les pays scandinaves.

Les codes vestimentaires du secteur d'activité et de la fonction

Les vêtements ne sont pas seulement des vêtements : ils sont un langage, une forme de communication. En effet, les fonctions, les métiers ont des codes vestimentaires pour pouvoir transmettre un message (sérieux, créativité, fiabilité, dynamisme...).

Finance, audit, conseil, justice, direction générale, ressources humaines, banque, assurance, expertise-comptable

Votre apparence doit inspirer sérieux et confiance. Le style doit être strict, élégant et laisser peu de place à la personnalisation. Les coupes sont classiques et les lignes droites.

Pour les hommes

Le costume-cravate est de rigueur avec des couleurs sobres, le noir, le bleu marine ou l'anthracite. Les chemises sont unies et souvent claires. Les chaussures en cuir seront de préférence lacées et lisses. Plus le cuir de la chaussure est lisse, plus celle-ci est élégante.

■ Pour les femmes

Un tailleur-jupe (pas trop courte) ou pantalon de couleurs sombres. Un chemisier ou un pull fin, de préférence de couleurs claires. Des escarpins de cuir lisse à talon de taille moyenne. Accessoires : des bijoux fins et discrets, un sac à main et/ou un porte-documents en cuir élégant.

Maîtres mots : sérieux, rigueur, élégance.

Mode, médias, publicité, communication, métiers de l'art, design

Votre image doit exprimer un côté innovant, précurseur, créateur.

Les tenues sont plutôt chics, recherchées, originales et suivent les tendances du moment.

Ces métiers inventifs autorisent une plus grande liberté vestimentaire. Votre tenue est alors le reflet de votre style artistique. Les accessoires ont une place incontournable et permettent de personnaliser le look, la tenue. Les marques portées sont tendance, fashion.

Maîtres mots : créativité, originalité, personnalisation.

Informatique, administratif, grande distribution, ingénierie, journalisme

Dans ces secteurs, le style a tendance à être **décontracté, sobre, confortable, un mélange de classique et sportswear.**

Pour les hommes

Le plus souvent, ils portent des pantalons de toile, parfois des jeans ou des costumes. Des chemises, chemisettes (avec ou sans cravate, selon le style de l'entreprise), des polos, des pulls. Les chaussures sont souples, type baskets en cuir ou boots.

Pour les femmes

Des jupes ou pantalons, de préférence avec une veste (même dépareillée) ou un gilet en maille ou en coton. Des pulls col rond, pulls cheminée ou des chemisiers, des tuniques. Accessoires fantaisie, chaussures plates ou à talons, bottines, boots.

Maîtres mots : décontraction, sobriété, confort.

Commerce, hôtellerie, accueil, immobilier, restauration, vente

Ces secteurs imposent souvent des uniformes. Ici, **la présentation est primordiale.** Aux yeux de vos clients, votre image est le reflet de vos produits ou services.

On constate de fortes disparités de looks selon l'entreprise, au sein d'un même secteur. En effet, un commercial de concessionnaire de voitures de luxe ne s'habillera pas comme le commercial d'un concessionnaire de voitures moins haut de gamme. Il est important de s'adapter à la clientèle visée. Le style sera élégant,

chic, décontracté, fashion, classique...
Attention : hygiène irréprochable, rasage de près, maquillage soutenu.

■ POUR LES HOMMES

Vous opterez pour un costume confortable et, si possible, infroissable, surtout si vous prenez votre voiture pour vous déplacer. Vous pouvez porter des chemises un peu colorées (selon l'entreprise) et la cravate est parfois obligatoire. Vous pouvez porter une pointe de rouge ou d'orangé dans votre cravate, signe de dynamisme.

■ POUR LES FEMMES

La tenue idéale est féminine et tendance. Tout est possible (se conformer à l'entreprise). Mettez en valeur vos atouts avec talons, maquillage, décolleté (léger).
Maîtres mots : style adapté à la clientèle, aux fournisseurs. Impeccable jusqu'au bout des ongles.

Social, santé, éducation, artisanat, sport, secteurs manufacturiers, BTP

Dans ces secteurs, le style est décontracté, et si vous êtes amené à bouger, prévoyez des vêtements pratiques dans lesquels vous serez libre de vos mouvements. Les uniformes professionnels, souvent obligatoires dans certains de ces métiers, vous simplifient la tâche.
Maîtres mots : confort, simplicité.

VÉCU

RARE !

Un jour, un homme me contacte, car il souhaite travailler sur son image. Il est allé au bout de deux procédures de recrutement pour, finalement, s'entendre dire qu'il n'est pas retenu, car il y a un « problème » avec son image. Un décalage entre ses compétences, ses qualités (qui sont appréciées et correspondent aux postes) et son image, sa gestuelle. Ses expériences et sa personnalité révèlent qu'il possède du dynamisme, un bon relationnel, mais pas son image, un peu trop stricte et trop austère.

DÉCODAGE

Nous avons mis son image en adéquation avec sa personnalité et avec les codes vestimentaires de sa fonction de DRH. S'entendre dire par un recruteur que vous avez les bonnes compétences mais pas le bon look est, malheureusement, chose trop rare et pourtant bien utile, car vous savez où se situe votre marge de progression.

Attention au problème d'image

Une étude que j'ai menée auprès de 80 recruteurs en début d'année 2012 a révélé que 67 % d'entre eux ont déjà eu envie de faire des remarques sur la tenue, le look d'un candidat, mais n'ont pas osé.

Quant au conseil en image ou relooking, ils sont 94 % à penser que cela pourrait aider les candidats à optimiser leurs chances pour trouver un emploi. Hélas, 75 % pensent que le leur suggérer ne fait pas partie de leurs attributions. Si quelques candidats ont la grande chance de s'entendre dire qu'ils ont un problème avec leur image, la plupart n'ont aucun retour sur ce sujet.

À vous d'être vigilant sur ce point ou alors, si vous osez, demandez directement au recruteur si votre image, votre style peuvent correspondre à l'entreprise.

En adoptant
les bons codes,
vous serez considéré
comme
faisant partie
du même monde.
Or,
on préfère
toujours travailler
avec des gens
qui nous ressemblent.

VÉCU

SACHEZ VOUS ADAPTER

Bénédicte Granier-Flatrès, responsable du recrutement au sein du groupe InVivo, témoigne de l'importance de l'évolution vestimentaire au cours d'une procédure de recrutement. Elle a rencontré une jeune diplômée d'une grande école d'ingénieur pour un poste avec une forte dimension de recherche. Réalisant que le poste présenté n'était pas ce qui lui correspondait le mieux, elle l'a réorientée sur un poste de chargée de mission auprès du directeur général (d'une structure internationale de plus de 6 000 collaborateurs). Son style vestimentaire est alors devenu un critère pour évaluer sa capacité d'adaptation (on peut être en jean pour faire de la recherche, mais pas lorsque l'on est en contact avec un directeur général ou lorsque l'on représente la société à l'extérieur).

DÉCODAGE

Lors de l'entretien initial, la candidate s'était présentée habillée de manière décontractée et soignée (jean et pull), ce qui n'était pas choquant vu le poste initial. Lors du second entretien, elle était arrivée en tailleur-pantalon sans que cela n'apparaisse comme un « déguisement » puisqu'elle était restée très sobre.

Par ce changement de vêtements, elle a transmis le message qu'elle avait compris les enjeux du poste. Mission réussie pour cette future collaboratrice !

EN RÉSUMÉ

- **Renseignez-vous sur les codes vestimentaires inhérents à l'entreprise et à votre métier.**
- **En adoptant les bons codes, vous serez considéré comme faisant partie du même monde. Or, on préfère toujours travailler avec des gens qui nous ressemblent.**
- **Dans vos tenues, essayez de concilier codes vestimentaires de l'entreprise, codes vestimentaires de votre métier et votre**

personnalité. Si vous ne savez pas comment vous y prendre, prenez conseil auprès d'un professionnel de l'image.

- Si vous changez de fonction, adoptez les codes de votre nouvelle fonction et non de l'ancienne.
- Des bijoux trop ostentatoires, une jupe trop courte, un sac en faux cuir ou, au contraire, un sac de marque trop chère, une matière bon marché, un pantalon mal coupé... Un seul détail qui ne cadre pas avec le code peut être considéré comme une faute de goût et vous exclure.

Trouvez chaussure à votre pied

Respectez les codes vestimentaires de l'entreprise et de la fonction ou du métier certes, mais aussi restez en accord avec votre personnalité. Tout faire pour être engagé, mais aussi tout faire pour ne pas se tromper. Vous ne pourrez pas vous épanouir dans votre travail si vous avez l'impression de rentrer dans un « déguisement » tous les matins.

Valeurs et principes de l'entreprise

Il est important pour vous de savoir si vous allez ou non adhérer aux valeurs de l'entreprise dans laquelle vous postulez. Il est illusoire de vous dire que vous allez vous épanouir dans une entreprise dont la philosophie va à l'encontre de vos principes.

Vécu

Prise de conscience

Une directrice commerciale travaillait chez un fabricant de tabac. Une de ses amies est décédée d'un cancer des poumons suite à une grande consommation de tabac durant toute sa vie. Ma cliente ne s'est alors plus du tout sentie en accord avec les principes de son entreprise. Elle s'est finalement résolue à la quitter.

Inutile de vous présenter à un entretien si la société ne vous convient pas

Une fois que vous aurez recueilli suffisamment d'informations sur sa structure, sa culture, ses codes vestimentaires... vous serez à même de décider si vous avez ou non envie d'intégrer l'entreprise. Vous pourriez refuser de l'intégrer devant un code vestimentaire trop strict, trop jeune, trop décalé, des valeurs que vous ne partagez pas... Il est important de choisir une entreprise qui vous corresponde.

Si vous ne souhaitez pas ou ne pouvez pas porter des vêtements de grande marque, inutile de postuler dans le secteur du luxe par exemple.

En effet, le risque est double. Soit vous ne serez pas reconnu comme faisant partie de la tribu, soit vous arriverez à jouer le jeu pendant l'entretien, mais vous serez démasqué une fois entré dans l'entreprise, ou las de vous « travestir » en permanence. Il peut sembler futile de ne pas intégrer une entreprise pour ce type de considération, mais n'oubliez pas que vous passerez huit heures par jour au travail.

Lorsque l'on ne partage pas les valeurs de l'entreprise, on peut se voir contraindre de la quitter. Il peut arriver aussi que l'on fasse une dépression. Autant donc mettre toutes les chances de votre côté pour trouver la bonne structure dans laquelle vous aurez envie de vous investir, de vous épanouir.

En conclusion

Vous devez, certes, trouver un emploi, mais pas à n'importe quel prix, sous peine de devoir le quitter précipitamment si vous vous y sentez trop mal. Plus vous adhérerez aux valeurs et codes de l'entreprise, plus grandes seront vos chances d'être intégré. Plus vous vous sentirez en cohérence, en adéquation avec votre entreprise, plus vous vous y épanouirez.

2. Donnez une bonne image de vous au recruteur

En vue d'un entretien, après avoir réfléchi à la manière de présenter votre expérience et vos qualités, il faut aussi préparer votre apparence. Lors d'un entretien d'embauche, hormis vos compétences professionnelles bien sûr, votre look peut vous désavantager, voire vous desservir. L'apparence vestimentaire (dont les couleurs que vous portez) a un effet indéniable sur la décision d'embauche du recruteur.

Si vous cherchez à convaincre, les mots ne suffisent pas. La confiance que vous inspirez dépend de l'adéquation entre le fond (votre discours) et la forme (l'image que vous donnez de vous-même). Il est donc primordial que vous donniez une bonne image de vous. Pour cela, vous devez savoir qui vous êtes, ce que vous voulez montrer de vous-même, ce que vous voulez pour vous-même. Votre image est la première chose qui sera perçue par votre interlocuteur. Vous vous devez d'être irréprochable.

MINI SOMMAIRE

- Une hygiène irréprochable
- Les multiples facettes de votre image
- L'apparence : un élément clé du recrutement
- Apprenez à vous connaître pour mieux vous vendre
- Le langage des couleurs pour projeter l'image désirée
- Soignez votre look, votre présentation
- Conseils vestimentaires de base pour un entretien

Une hygiène irréprochable

Des ongles sales, une chemise tachée, des cheveux gras, une haleine chargée... Un seul de ces critères vous discréditera et vous pourrez dire adieu au poste ! Une bonne hygiène corporelle vous permet également de vous sentir bien dans votre peau, ce qui est important pour votre mental.

L'importance de la propreté

Douche ou bain, le plus important est de se laver en entier (visage et corps, sans oublier les pieds) une fois par jour. L'eau sert à rincer le savon qui décolle la saleté et possède aussi de très bonnes propriétés antiseptiques permettant de détruire les bactéries naturellement présentes sur la peau. Attention au séchage : un séchage négligé peut favoriser certaines mycoses (champignons).

De même que la toilette doit être quotidienne, il faut aussi changer tous les jours de sous-vêtements.

Le zoom

Pas très glorieux !

Les Français ne sont vraiment pas les champions de l'hygiène corporelle. Ils sont économes en savon, ne consommant que 4 pains de toilette par personne et par an !

L'économie d'eau apparaît également comme une valeur très tendance : 26 % seulement de nos compatriotes prennent un bain ou une douche chaque jour ! 90 % ne se lavent pas les mains avant de prendre leur repas, 30 % se lavent les mains à l'eau claire... sans savon.

Les Français consomment par an 1,4 brosse à dents contre 4 recommandées et 3,5 tubes de dentifrice contre 7 conseillés.

MON CONSEIL

POUR LE OUR J

- Douche ou bain avec lavage des cheveux.
- Utiliser du déodorant et, éventuellement, une eau de toilette discrète.
- Lavage des dents.
- Nettoyage des oreilles.
- Rasage, ongles coupés et propres pour les hommes.
- Maquillage et ongles impeccables pour les femmes.
- Sous-vêtements propres.
- Vêtements propres et repassés.

Le b.a.-ba de l'hygiène

On se lave les mains avant de faire la cuisine, avant les repas, après le passage aux toilettes, après avoir caressé un animal, après s'être mouché. Un bon lavage des mains, à l'eau et au savon, doit durer au moins trente secondes. Il est indispensable de brosser méticuleusement vos ongles, nids à saleté, et de sécher parfaitement vos mains dans une serviette propre et sèche. On se lave les dents au moins deux fois par jour et, idéalement, après chaque repas. Un bon brossage des dents doit durer au moins trois minutes pour éliminer complètement les résidus du repas et la plaque dentaire. Les cheveux se lavent tous les deux ou trois jours selon leur nature et la pollution (plus forte en ville). Le parfum n'a jamais masqué les mauvaises odeurs et, enfin, lavez régulièrement vos vêtements.

LES MULTIPLES FACETTES DE VOTRE IMAGE

Une bonne image, c'est le reflet à l'extérieur de ce que vous êtes à l'intérieur. C'est le moyen de vous affirmer, de dire aux autres qui vous êtes vraiment.

Votre image est le premier vecteur de communication avec les autres.

Une bonne image c'est le reflet à l'extérieur de ce que vous êtes à l'intérieur

La composition de votre image

Votre image est composée d'une dimension extérieure et d'une dimension intérieure.

La dimension extérieure

C'est tout ce que vous montrez de vous à travers vos comportements, vos attitudes, votre style vestimentaire, votre gestuelle...

La dimension intérieure

C'est ce que vous êtes réellement et profondément. Tout ce qui compose votre personnalité et qui repose sur votre éducation, vos croyances, vos valeurs... On parle de 3 types d'images : l'image de soi, l'image souhaitée, désirée, et l'image perçue.
Votre image = image de soi + image souhaitée + image perçue.

L'image de soi

Il s'agit de la perception que vous avez de vous-même. C'est la façon dont vous vous voyez, ce que vous croyez être et comment vous croyez que les autres vous voient. L'image de soi est donc liée à la perception que l'on a de son propre corps, mais aussi à la façon dont on se juge. Apprenez à aimer votre physique pour dégager une image positive. Vous avez probablement déjà pris conscience de l'impact que vous avez sur les autres lorsque vous vous sentez bien dans votre corps.

Votre image
parle de vous
il est donc
important
de veiller
à sa cohérence.

À RETENIR

POUR LE JOUR J

Votre image parle de vous : il est donc important de veiller à sa cohérence. En effet, l'image que vous donnez de vous influence la façon dont on va imaginer vos compétences. Attention à veiller à la cohérence entre votre discours et la façon dont vous êtes habillé, dont vous vous comportez. Si vous portez des vêtements modernes, colorés, des accessoires high-tech et que votre discours est timide, votre posture avachie, le recruteur ressentira un décalage, un malaise, et vous ne serez pas crédible.

L'image souhaitée

C'est l'image de soi que l'on aimerait donner aux autres. Ce que vous aimeriez que les autres pensent ou disent de vous. Cela correspond à l'idéal du moi.

L'image perçue

C'est ce que les autres voient effectivement de vous.

Il y a bien souvent de forts décalages entre ces différentes images. Pour rapprocher l'image de soi et l'image perçue – ou encore votre dimension intérieure de votre dimension extérieure –, il est nécessaire de réfléchir sur vous-même. C'est ce qui est proposé dans le chapitre suivant. L'image que vous donnez, perçue, peut ne pas refléter votre vraie nature. Or, c'est sur cette image que vous êtes évalué. Car vous êtes jugé non seulement lors de votre premier contact, mais aussi à tout moment de votre vie dans le cadre personnel et professionnel.

L'APPARENCE : UN ÉLÉMENT CLÉ DU RECRUTEMENT

Pour avoir une chance d'être retenu, vous devez donner le meilleur de vous-même, tant au niveau de votre discours que de votre image. Votre apparence, c'est la première chose que le recruteur percevra de vous et c'est sur cette image que vous serez jugé en premier lieu.

L'image est prépondérante dans notre société

L'image a toujours compté dans l'impression que l'on se fait d'une personne. Plus encore de nos jours dans un contexte professionnel difficile et dans le cadre des entretiens, car les candidats pour un même poste sont de plus en plus nombreux. Une enquête menée par la Sofres en 2003 (« Les discriminations sur l'apparence dans la vie professionnelle et sociale ») montrait déjà que, lorsqu'une entreprise cherche à embaucher et qu'elle a le choix entre deux candidats de compétence et de qualification égales, 82 % des recruteurs prennent en compte le look, la façon de s'habiller, de se présenter pour faire leur choix. L'apparence physique générale vient en deuxième position avec 64 %.

Les recruteurs accordent de l'importance à votre image

Lors d'un entretien d'embauche, hormis les compétences professionnelles bien sûr, votre look peut vous désavantager. La confiance que vous inspirez dépend de l'adéquation entre le fond (votre discours) et la forme (l'image que vous projetez). Si vous cherchez à convaincre, les mots ne suffisent pas.

Après avoir réfléchi à la manière d'exposer vos expériences, vos qualités, vos défauts, il faut aussi préparer votre apparence.

D'une manière générale, ne négligez jamais votre apparence, même si vous estimez que cela n'a pas d'importance pour occuper le poste que vous visez.

QUELLE IMPORTANCE ACCORDEZ-VOUS AU LOOK, À LA PRÉSENTATION DU CANDIDAT

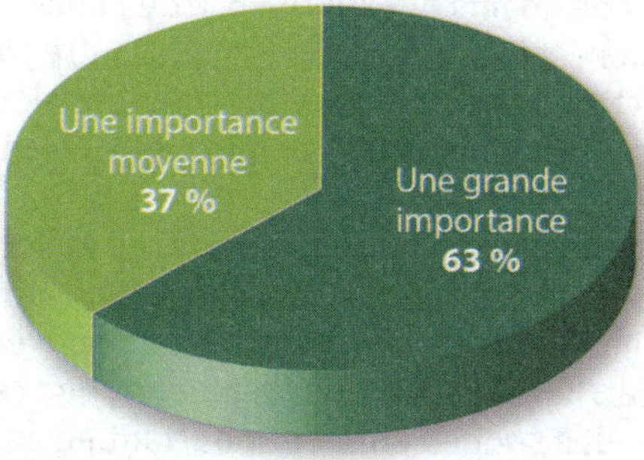

Source :
étude réalisée en 2012 auprès de 80 recruteurs.

Indéniablement, au regard de ces résultats, la présentation d'un candidat a une importance réelle pour les recruteurs. S'il n'y a pas de disparité en fonction de l'âge des recruteurs sondés, les femmes du panel sont encore plus sensibles à l'image des candidats que les hommes (69 % contre 55 % pour les hommes). Les personnes qui recrutent ponctuellement (dont ce n'est pas le métier à plein-temps) accordent plus d'importance à la présentation des candidats (68 %) que les personnes dont c'est le métier, autrement dit les recruteurs (58 %). Est-ce parce qu'ils auraient une meilleure connaissance des codes de l'entreprise ? Outre le fait que l'apparence d'un candidat a de l'importance

L'IMAGE A-T-ELLE EU UNE INFLUENCE SUR LA DÉCISION D'EMBAUCHE

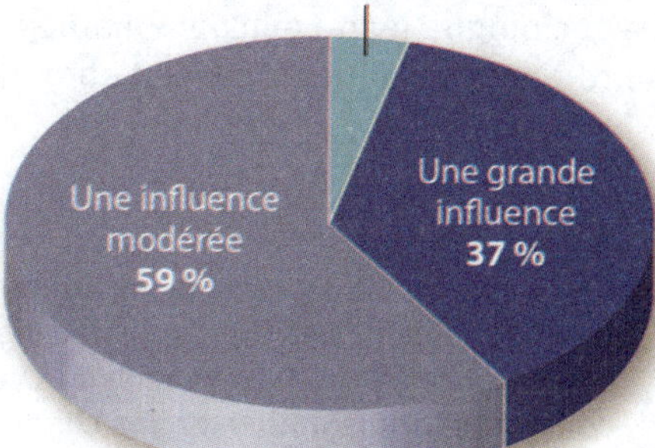

Source :
étude réalisée en 2012 auprès de 80 recruteurs.

pour un recruteur, seuls 4 % des sondés disent qu'elle n'a pas d'influence sur la décision d'embauche. C'est pour les personnes du panel ayant plus de 50 ans que l'influence de l'image sur la décision d'embauche est la plus grande (57 %), contre 37 % en moyenne. Cet impact est également plus fort sur la décision prise par les recruteurs professionnels (40 %) que par les recruteurs ponctuels (35 %).

Bien que les recruteurs accordent de l'importance au look et à la présentation des candidats et que cela exerce une influence sur la décision d'embauche, ils leur font très peu souvent des remarques à ce sujet. Ils estiment, pour la plupart, que ce n'est pas leur rôle. 66 % des sondés auraient pourtant eu envie de le faire. On ne peut que déplorer qu'ils ne le fassent pas plus fréquemment, car cela pourrait aider bien des candidats.

Prime à la beauté !

Une étude réalisée en 2000 auprès de 11 000 salariés britanniques (« Beauty, Statute and the Labour Market » de Barry Harper) démontre que, si les plus beaux gagnent un peu plus que la moyenne nationale, les plus laids perçoivent des salaires de 11 à 15 % inférieurs. Une autre étude de Daniel Hamermesh et de Jeff Biddle de l'université du Texas, reprise par *le Monde*, nous apprend également que la beauté paie : aux États-Unis, les hommes les plus attirants gagnent en moyenne 230 000 dollars (180 000 euros) de plus au cours de leur carrière que les physiques quelconques. Les plus beaux gagnent 17 % de plus que les plus disgracieux ou quelconques. Pour les plus jolies filles, c'est 12 % de plus que les autres.

Le sociologue Jean-François Amadieu fait le même constat et, suite à diverses études, conclut que « les beaux sont jugés plus

EN RÉSUMÉ

Votre apparence est cruciale en situation d'entretien et a, indéniablement, un effet sur la décision d'embauche. À compétence égale, si votre image et votre présentation sont cohérentes, vous optimisez vos chances d'être embauché.

intelligents, plus ambitieux, plus chaleureux, plus sociables, plus équilibrés et moins agressifs ». La taille paierait aussi puisque des économistes ont découvert, que plus on est grand, plus le salaire augmente.

Apprenez à vous connaître pour mieux vous vendre

Pour donner une bonne image de vous, mieux vous connaître est incontournable. Cela vous permettra de trouver un emploi qui vous conviendra et vous crédibilisera aux yeux du recruteur. Faire un bilan est un bon moyen de savoir où vous en êtes et où vous voulez aller.

Connais-toi toi-même

Savoir qui l'on est vraiment est une vaste entreprise, mais fort utile, particulièrement quand on est en recherche d'emploi ou en reconversion professionnelle.

C'est d'ailleurs pour cette raison que fleurissent les cabinets d'outplacement qui proposent des bilans de compétences. Après plusieurs années d'activité professionnelle ou en sortant de l'école, on a souvent du mal à être objectif sur soi-même. La plupart des premières remarques émises étant : « je ne sais pas faire grand-chose » ou encore « je ne sais pas ce que je veux ».

Faites une pause

Prenez soin de ne pas être dérangé et accordez-vous au moins une heure pour faire la liste (plus particulièrement au niveau professionnel) de :

- **Vos valeurs fondamentales :** ce qui est réellement important pour vous (l'innovation, l'honnêteté, la réussite, la tradition...)
- **Vos besoins :** être aimé, reconnu, avoir du temps pour faire du sport, pour votre famille...
- **Ce que vous aimez :** travailler seul, en équipe, les contacts humains, être isolé...

- **Ce que vous n'aimez pas :** le stress, le désordre, vendre, manager, rédiger...
- **Vos compétences :** noter tout, même ce qui peut vous sembler anodin comme gérer plusieurs appels ou dossiers en même temps...
- **Vos réussites :** sur le plan personnel comme sur le plan professionnel.
- **Vos échecs :** personnels ou professionnels.

Avec le résultat de vos échecs et de vos réussites, vous pourrez sans doute compléter la liste de ce que vous aimez et de ce que vous n'aimez pas. Il est évidemment important que vous réfléchissiez à vos qualités, à vos défauts. Pour cela, utilisez **la grille ci-contre** et cochez honnêtement les qualificatifs qui vous correspondent le mieux. Faites des recoupements et regardez si vos réponses sont cohérentes. Ensuite, envoyez ce tableau à votre famille, des amis, des anciennes ou actuelles relations professionnelles, des connaissances... et demandez-leur de remplir la grille à votre sujet.
Lorsque vous aurez récupéré toutes les réponses, faites-en une synthèse et regardez si les qualificatifs que vous avez choisis au départ pour vous définir sont ceux qui l'ont été également par ces personnes.

Comment analyser les résultats obtenus ?

- **Si les qualificatifs obtenus sont conformes ou très proches de ceux que vous avez utilisés pour vous définir,** cela signifie que vous vous connaissez bien et que l'image que vous projetez est conforme à l'image que vous avez de vous-même.
- **Si vous constatez des différences selon les personnes** (amis ou relations professionnelles, celles qui vous connaissent bien ou celles qui vous connaissent peu...), posez-vous la question suivante : êtes-vous conscient que vous êtes différent dans votre vie privée et votre vie professionnelle ? Pourquoi ? Cela vous convient-il ou souhaitez-vous « changer » ?
- **S'il y a un gros décalage entre la personne que vous pensez être et ce que perçoivent les autres** (par exemple, vous vous pensez organisé alors que vous êtes perçu comme quelqu'un

MES QUALITÉS/MES DÉFAUTS

Organisé(e)		Orgueilleux(se)		Créatif(ve)		Sens de l'humour	
Curieux(se)		Mature		Ponctuel(le)		Ironique	
Perfectionniste		Immature		Insatisfait(e)		Bavard(e)	
Obstiné(e)		Extraverti(e)		Persévérant(e)		Rêveur(se)	
Enthousiaste		Timide		Impatient(e)		À l'écoute	
Sociable		Pessimiste		Patient(e)		Prise d'initiatives	
Anxieux(se)		Conciliant(e)		Capacité à fédérer		Logique	
Disponible		Critique		Rigoureux(se)		Autonome	
Calme		Indépendant(e)		Intuitif(ve)		Ambitieux(se)	
Refus de l'autorité		Étourdi(e)		Diplomate		Fiable	
Susceptible		Autoritaire		Discret(ète)		Appliqué(e)	
Prévoyant(e)		Désorganisé(e)		Constant(e)		Distrait(e)	

qui ne l'est pas) : essayez de visualiser les situations où vous devez faire appel à votre sens de l'organisation. Comment réagissez-vous ? Êtes-vous plutôt à l'aise, débordé, en retard… ? Demandez aux personnes qui vous ont fourni ces réponses de vous expliquer pourquoi elles vous perçoivent de cette façon.

• **Si vous avez été dur avec vous-même en utilisant surtout des**

Attention : il ne s'agit pas de changer profondément, mais bien au contraire de mettre en adéquation votre image et votre personnalité.

EN RÉSUMÉ

Vous détenez une mine d'or vous concernant. Vous allez maintenant pouvoir, si vous le souhaitez, définir des axes d'amélioration.

Par exemple, développer ou mettre en avant votre sens de l'organisation dans le domaine professionnel, savoir prendre des initiatives dans votre vie professionnelle comme vous le faites dans votre vie privée, montrer davantage votre joie de vivre… Enfin, n'oubliez pas qu'être soi va de pair avec la connaissance de soi-même.

qualificatifs que l'on pourrait qualifier de défauts alors que les retours que vous avez reçus sont plus positifs : réjouissez-vous et dites-vous que, si ces qualités sont perçues par les autres, c'est probablement que vous les possédez. À vous de vous en convaincre. Et si certaines ne sont perçues que par les intimes, il ne tient qu'à vous de les déployer dans le monde professionnel si vous le désirez.

Le langage des couleurs pour projeter l'image désirée

L'impact des couleurs est énorme. La couleur permet de vous donner bonne mine ou, au contraire, de desservir votre teint. Lors d'un entretien, vous pouvez également tenir compte des qualités requises pour le poste afin d'opter pour les bonnes couleurs.

Adoptez les couleurs qui vous vont bien !

Arriver à votre entretien avec des cernes, le teint gris et marqué n'est pas du meilleur effet. Hormis une bonne nuit la veille, il est nécessaire que vous portiez des couleurs qui vont vous donner bonne mine.

Si vous ne pouvez pas ou ne souhaitez pas faire appel à un conseiller en image pour connaître précisément les couleurs qui vous mettent en valeur, **voici un petit test très simple** qui vous permettra déjà d'obtenir une base.

Testez-vous grâce à l'or et à l'argent

Procurez-vous deux tissus : l'un doré et l'autre argenté. Passez ces tissus l'un après l'autre près de votre visage (démaquillé pour les femmes). Cachez vos cheveux pour éviter toute influence sur le test. Regardez l'effet de chacun d'eux sur votre visage. **La couleur qui vous met en valeur sera celle qui rend votre teint plus uniforme et éclatant,** fait ressortir l'iris de votre œil, rend vos lèvres plus colorées, dessine mieux l'ovale de votre visage.

Si votre teint est mis en valeur par le tissu argenté :

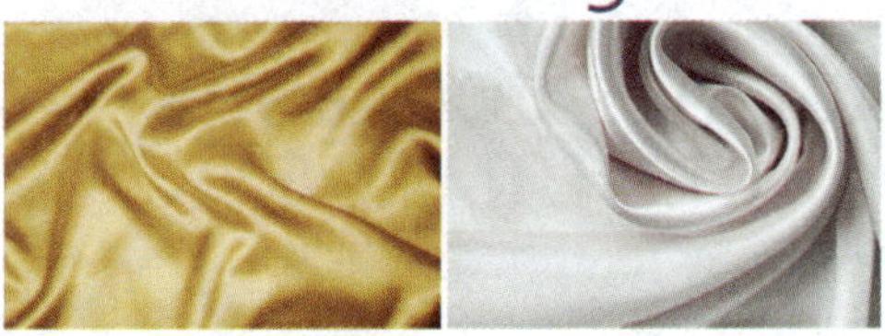

vous êtes de typologie froide.

Si c'est le doré : vous êtes de typologie chaude.

Exemples de couleurs froides.

Exemples de couleurs chaudes.

Les couleurs qui vous conviennent le moins sont celles qui font paraître votre teint plus gris ou plus jaune, accentue les rides et ridules, dessine moins bien le contour de votre visage et accentue les imperfections (rougeurs, boutons, double menton...).
Vous obtiendrez ainsi l'un des paramètres qui est celui de la température.
Pour vous aider, voici quelques exemples de couleurs chaudes et froides (les couleurs froides sont composées en majorité de pigments bleus et les couleurs chaudes de pigments jaunes).
Ces couleurs sont à porter près de votre visage et concernent vos vêtements (chemises ou tops), écharpes, étoles, mais aussi montures de lunettes, couleurs des bijoux, mèches ou nuances de coloration...

La symbolique des couleurs

Publicité, histoire, sociologie, psychologie, stylisme, décoration... de nombreux domaines s'intéressent à la symbolique des couleurs. Ce que les couleurs sont capables de nous inspirer, de nous faire ressentir, le comportement qu'elles peuvent provoquer est loin d'être négligeable.
Les couleurs que vous porterez donneront des informations supplémentaires à votre interlocuteur sur votre caractère, votre personnalité. La symbolique des couleurs est différente selon les pays, les cultures et les époques. Utilisez les bonnes couleurs afin de faire passer le bon message.

Le rouge

Il est synonyme de **dynamisme, de confiance en soi, d'assurance, de force et de séduction**. Porter du rouge indique que l'on est plein d'énergie, toujours combatif, ambitieux, volontaire et désireux de réussir. Cette couleur vous dynamisera quand votre moral est au plus bas.
Mais le rouge est aussi orgueilleux et assoiffé de pouvoir. Si votre caractère est déjà très autoritaire, évitez cette couleur, car elle ne fera que faire ressortir l'aspect agressif, dominateur et menaçant de votre personnalité.

Le bleu

Depuis le XVIIIe siècle, c'est la couleur préférée des Européens. En 1850, le jean inventé par Levi Strauss a renforcé encore sa notoriété. Porter du bleu suscitera **la confiance, la régularité et l'ordre.** Le bleu marine crée une impression de respect, d'autorité et de savoir. Le bleu clair donne l'image d'une personne plus douce et facilite les contacts. À éviter le bleu en total look si vous voulez donner une apparence plus offensive.

Le jaune

C'est une couleur **stimulante,** qui donne une **énergie positive** et inspire **le dynamisme**. Le jaune symbolise aussi la gaieté et la joie de vivre.
C'est hélas la couleur la moins aimée en Occident. Au fil du temps, c'est le doré, l'or qui ont absorbé les symboles positifs du jaune comme la lumière, la chaleur, la joie, la puissance, le luxe...

Le vert

C'est une couleur qui **calme,** qui **repose** et qui évoque **la fraîcheur.** Dans les écoles, lorsque l'on remplaça les tableaux noirs par des verts, on nota une nette amélioration de l'attention, le vert étant plus reposant et plus naturel.
Le vert est généralement porté par des personnes bienveillantes et équilibrées. Le vert clair est relaxant, calmant, reposant. Le vert foncé inspire confiance, solidité et sérieux.

L'ORANGE

L'orange a le pouvoir de **canaliser l'énergie.** Comme le rouge, l'orange est à porter les jours où le moral est au plus bas. Vous véhiculerez alors une image gaie, enthousiaste, chaleureuse et pleine de vitalité.
Dans ses nuances plus foncées de rouille, terre ou de brun, elle évoque le confort et la sécurité.

LE MARRON

Cette couleur favorise **la communication** avec les autres, vous confère une certaine **modestie** et **rassure.** Chaleureux et concret, vous serez avec cette couleur la simplicité personnifiée.
Attention : porté à haute dose, le marron renvoie une image peu sophistiquée, ordinaire, voire ennuyeuse.

LE NOIR

Le noir est une couleur qui procure de la distinction et une certaine **élégance.** Il est généralement porté par des personnes raffinées, qui aiment le pouvoir. Mais le noir, par son aspect impénétrable et mystérieux, aura tendance à mettre de la distance entre vous et les autres.

LE GRIS

Dans la vie professionnelle, cette couleur reflète **le sérieux, l'efficacité.** Elle symbolise une personnalité organisée, conventionnelle, diplomate et méthodique. Le gris traduit aussi l'élégance et le luxe. En total look, le gris peut également dénoter un manque d'entrain et l'indécision.

LE BLANC

Idée de **la pureté,** de **l'innocence,** de **la propreté.** Sérénité et sagesse, comme celle attribuée aux personnes ayant des cheveux blancs. À porter si vous voulez inspirer confiance et respect.
Attention : le blanc se doit d'être impeccable et immaculé.

LE ROSE

Couleur de la **féminité** par excellence, vous pourrez porter du

rose si vous souhaitez dégager une allure romantique, douce et féminine. L'aspect accueillant et rassurant du rose vous attirera la sympathie de vos proches.
Néanmoins, en trop grande quantité, le rose peut renvoyer une image hésitante, voire un peu enfantine de vous.

MON CONSEIL

POUR LE JOUR J

Vous voulez afficher :

- **De l'élégance :** portez du noir, de l'ivoire, du blanc, de l'argenté, du doré, du gris, du bleu marine.
- **Du sérieux, de la maturité, inspirer confiance :** portez du gris, du bleu marine, du vert foncé, du noir.
- **Un côté rassurant :** portez du marron, du gris, du bleu clair, du vert clair, du rose.
- **De la jeunesse, de l'enthousiasme :** portez de l'orange, du jaune, du bleu électrique.
- **De la douceur :** portez des couleurs claires, pastel. Du rose.
- **De l'ambition, de la séduction, de la confiance en vous :** portez du rouge.
- Selon le ou les messages que vous voudrez adresser à votre interlocuteur, mixez les différentes couleurs. Choisissez les couleurs que vous porterez également en fonction de votre personnalité et/ou des qualités requises pour le poste.
- Si vous choisissez des couleurs lumineuses, flashy, utilisez-les en petites touches, par exemple pour les accessoires (sac, cravate, bijoux, boutons de manchette...).
- Veillez à l'harmonie et à la complémentarité des couleurs.

SOIGNEZ VOTRE LOOK, VOTRE PRÉSENTATION

Vos vêtements parlent de vous et en disent long sur votre mode de pensée ou votre manière de vivre. L'apparence vestimentaire a, indéniablement, un effet sur la décision d'embauche. Optimiser votre image tout en restant vous-même : tel sera votre challenge.

Organisez-vous !

Comme vous avez pris soin de préparer votre discours, vous devez préparer votre tenue avec minutie. Cela montrera au recruteur que vous accordez de l'importance à ce rendez-vous et que vous êtes prêt à vous donner du mal pour obtenir le poste.
Votre tenue doit être pensée et préparée la veille de votre rendez-vous : inutile de rajouter un stress supplémentaire quelques heures avant.
Si vous vous êtes procuré une nouvelle tenue pour le jour J, portez-la avant pour vous sentir à l'aise. Rien n'est pire qu'un candidat qui se sent étriqué, mal dans ses vêtements, mal dans ses chaussures. Cela ne donnera pas une bonne image de vous et peut vous déconcentrer, influer négativement sur votre gestuelle, votre posture.

Vous adapter, rester vous-même : savant dosage

Grâce aux chapitres précédents, vous avez pu déterminer les codes vestimentaires de l'entreprise, ceux de votre métier, votre typologie de couleur, ainsi que les couleurs à porter en fonction de l'image que vous souhaitez donner. Vous avez également appris à mieux vous connaître. Il va donc falloir mixer toutes ces informations pour en tirer une tenue adéquate.

CAS PRATIQUE

L'entreprise est jeune, innovante. Vous êtes reçu pour un poste d'assistant(e) ressources humaines. Vous êtes de typologie

froide et, enfin, vous êtes une personne plutôt timide, discrète. Vous devez donc tenir compte de tous ces paramètres et vous devez :

- donner une image jeune (société jeune) ;
- montrer un bon relationnel et inspirer confiance (qualités en RH) ;
- porter des couleurs froides (votre typologie) ;
- ne pas être trop exubérant (vous êtes timide, discret).

Voici ce que vous pourriez porter : voir tableau page 58/59.

VÉCU

ALLERGIQUE !

Un recruteur recevait une candidate pour un poste de consultante. Elle portait pour l'occasion un magnifique pull en angora. Elle a passé tout l'entretien à se gratter, à se contorsionner, des plaques rouges sont apparues le long de son cou. Elle était vraisemblablement allergique à l'angora. Ce « détail » a énormément gêné aussi le recruteur.

DÉCODAGE

Si la candidate avait pris la peine de porter ce pull avant, elle se serait rendu compte que ce n'était vraiment pas le vêtement à mettre ce jour-là !

Choisissez
les couleurs
que vous porterez
en fonction de
votre personnalité,
des qualités requises
pour le poste
et du message
que vous souhaiterez
passer.

QUELQUES GRANDS PRINCIPES

Exemples de tenues	Costume (hommes) ou tailleur-jupe ou pantalon (femmes)	Haut	Accessoires
Hommes			
Conseillé	Costume un ou deux boutons gris clair (si votre typologie est froide), avec une coupe plutôt cintrée, moderne, près du corps (entreprise jeune et moderne).	Chemise de couleur claire, bleu ciel ou rose (accessibilité). Coupe pas trop large.	Cravate avec des motifs discrets (votre caractère), pouvant comporter une touche de jaune, d'orange ou de bleu (entreprise jeune et moderne). Chaussures, ceinture et sacoche noires en cuir (sérieux, inspire confiance).
Déconseillé	Costume noir croisé avec un pantalon à pinces (trop classique et trop sombre).	Chemise abricot (pas votre typologie et trop exubérant pour la fonction et votre caractère).	Cravate avec de gros motifs orange. Chaussettes de tennis blanches. Chaussures marron, râpées et non cirées. Sac à dos en nylon coloré.
Femmes			
Conseillé	Veste de tailleur gris clair ou beige rosé (attention à votre typologie), plutôt cintrée (entreprise jeune et moderne). Jupe ou pantalon noir ou de couleur assortie à la veste, coupe moderne à choisir en fonction de votre morphologie.	Chemisier ou tunique avec des imprimés légers, dans des couleurs pastel (discrétion et accessibilité).	Escarpins, bottes ou bottines noirs à talons raisonnables ou autre couleur assortie au pantalon (entreprise jeune et moderne). Sac besace en cuir souple assorti à la couleur des chaussures. Bijoux discrets en accord avec votre typologie de couleur. Coiffure pas trop stricte et maquillage discret dans les tons rosés (effet bonne mine).
Déconseillé	Tailleur rouge très moulant (en décalage avec votre personnalité et le poste).	Chemisier noir très cintré et décolleté (trop sexy).	Chaussures à talons hauts. Cheveux longs et lâchés, maquillage très appuyé. Ongles très longs et vernis.

CONSEILS VESTIMENTAIRES DE BASE POUR UN ENTRETIEN

L'entretien est un moment formel durant lequel il y a des règles de base à respecter.
Ces conseils paraîtront basiques, évidents, futiles à certains d'entre vous, et pourtant bien nécessaires compte tenu des retours très négatifs des recruteurs. À moduler en fonction du poste et/ou de l'entreprise.

À faire

- Prenez une douche ou un bain le matin de l'entretien.
- Vos cheveux seront propres et sans pellicules.
- Brossez-vous les dents et ayez une haleine fraîche.
- Vos mains seront propres.
- Mettez du déodorant dont le parfum est discret.
- Vos vêtements doivent être propres et repassés.
- Parfumez-vous discrètement.
- Portez des bijoux sobres (pas de bijoux si vous êtes un homme, hormis la montre).
- Vos chaussures doivent être propres et cirées.
- Votre tenue vestimentaire sera plutôt sobre et classique (sauf si le secteur requiert une tenue originale, créative).
- Venez avec une mallette dans laquelle vous rangerez vos documents. Si vous n'en possédez pas, une chemise cartonnée d'aspect neuf conviendra.
- Et, évidemment, soyez sobre. Vous fêterez la victoire après !

PLUS SPÉCIFIQUEMENT POUR LES HOMMES

- Visage nettoyé et barbe rasée.
- Ongles coupés ou limés, courts.

VÉCU

ATTENTION À LA CIGARETTE !

Le 4 novembre 2010, une psychothérapeute s'est vue refuser un emploi dans le secteur public à cause de son odeur de tabac. Un an plus tard, le tribunal de Châteauroux a finalement tranché en faveur du recruteur, qui bénéficie du doute sur les véritables raisons du non-recrutement. Même si cette décision paraît extrême il est évident que l'odeur de tabac froid est du plus mauvais effet.

Si vous le pouvez, évitez de fumer avant l'entretien. Et si vraiment, c'est impossible, pensez à bien vous laver les mains et à prendre un chewing-gum... que vous n'oublierez pas de jeter avant l'arrivée de votre interlocuteur.

• Le costume-cravate avec une chemise est de rigueur la plupart du temps. Le costume doit être à la bonne taille et déjà porté pour éviter gêne et inconfort.
• Chaussures en cuir avec chaussettes assorties (jamais de chaussettes blanches !).
• Pour un emploi en usine, un blouson propre avec un pantalon classique et des chaussures de ville sont très adaptés.

Plus spécifiquement pour les femmes

• Visage bien nettoyé, maquillage frais et léger.
• Ongles bien manucurés et sobrement vernis.
• Coiffure soignée et cheveux de préférence attachés s'ils sont longs.
• Bijoux plutôt discrets.
• Plusieurs options possibles pour la tenue : un tailleur-jupe ou pantalon, une robe avec une veste de tailleur, un ensemble veste-jupe ou pantalon dépareillé.
• Top de couleur claire pour illuminer le visage.
• Escarpins (ou équivalents plutôt élégants) dans lesquels vous vous sentez bien. Talons pas trop hauts.

À éviter

- Les vêtements de loisirs (jeans, shorts et tee-shirts) sont à proscrire quel que soit le poste afin de ne pas donner de vous une image négligée ou trop décontractée.
- Rien d'excentrique ou de provocant (sauf cas exceptionnel dans des secteurs comme la publicité, l'art...).
- Pas de baskets ni de chaussettes de sport. Les chaussures en cuir sont plutôt de rigueur. Veillez à ce que vos chaussures ne soient pas boueuses.
- Vos vêtements ne doivent pas être froissés : pensez à enlever votre veste ou votre manteau dans la voiture.
- Soyez vigilant : aucune tache sur les vêtements ne sera tolérée.
- Évitez les bijoux clinquants et en surnombre.
- Mesdames, évitez d'utiliser vos atouts de séduction (décolleté, jupe trop courte...). Selon l'interlocuteur, cela pourrait être très mal perçu.
- N'ayez aucun piercing visible.
- Pas de cravate dénouée (ne serait-ce que légèrement).
- Votre coiffure ne devra pas être extravagante.
- Votre maquillage ne sera pas outrancier, trop voyant.
- Les couleurs « criardes » sont à proscrire.
- Un look total chic pourra gêner votre interlocuteur ou tout simplement être en décalage avec l'entreprise et/ou le poste.

CONCLUSION

Le look est stratégique. Il livre des informations sur votre personnalité, permet de déterminer si vous pourrez vous intégrer dans un milieu professionnel, correctement vous positionner dans l'entreprise, bien véhiculer les valeurs de l'entreprise ou encore rassurer un client.

Assurez-vous donc que votre tenue pour l'entretien corresponde à l'entreprise visée, au poste recherché et traduise ce que vous souhaitez faire passer comme message.

Vous devez séduire et rassurer votre interlocuteur en lui renvoyant une image qui montrera que vous pouvez vous intégrer.

Sans vous mettre sur votre trente et un, respectez votre interlocuteur en lui donnant une image positive de vous. C'est également se respecter, ce qui contribuera à vous donner une meilleure confiance en vous.

Si vous avez des doutes concernant votre style vestimentaire pour l'entretien, privilégiez la sobriété en misant sur une tenue classique, passe-partout.

Ce ne sont pas des considérations futiles : n'oubliez pas qu'à compétences égales, le look contribue à différencier deux candidats ! Et soyez toujours un cran au-dessus.

3. Le jour J : l'arrivée dans l'entreprise

Vous avez préparé votre entretien, votre tenue vestimentaire correspond à l'image que vous souhaitez donner de vous-même, vous avez pris soin d'arriver légèrement en avance, vous allez maintenant rentrer dans l'arène. Votre prestation commence dès la porte de l'entreprise franchie. Autrement dit, votre comportement, vos attitudes, vos paroles doivent être irréprochables dès ce moment. Votre présentation à l'accueil ne doit pas être négligée et pas question de vous avachir sur un fauteuil avant l'arrivée du recruteur. L'entretien est un enjeu, et quand il y a enjeu, il y a stress : suées, rougeurs, balbutiements, tics... toutes ces manifestations viendront parasiter votre entretien. Veillez à minimiser les risques en vous préparant bien en amont et le jour J.

MINI SOMMAIRE

- La présentation et l'attente à l'accueil
- Impact du stress sur votre image
- Les méthodes pour gérer votre stress

La présentation et l'attente à l'accueil

Cette étape ne doit pas être négligée. Elle doit vous permettre de vous relaxer, de vous détendre et d'observer ce qui se passe autour de vous. Il arrive aussi fréquemment que les recruteurs demandent un retour à l'hôtesse sur votre présentation à votre arrivée.

L'heure d'arrivée

Calculez soigneusement votre temps de trajet pour être sûr de ne pas arriver en retard. Si vous en avez le temps, faites le trajet au moins une fois avant le jour J. Prenez une marge pour arriver environ dix minutes à l'avance. Ce laps de temps vous permettra de vous détendre et de faire descendre la pression. De plus, courir et arriver en sueur serait du plus mauvais effet tant sur votre physique que sur votre mental.
Si, pour des raisons indépendantes de votre volonté, vous êtes en retard, prenez soin de prévenir votre interlocuteur. Juste avant d'entrer dans l'entreprise, éteignez votre téléphone mobile.

Vécu

En retard !

Marc est un jeune homme assez décontracté. Il est convoqué à un entretien pour un poste d'assistant administratif. Il a relativement bien préparé son entretien, mais n'a malheureusement pas anticipé correctement son temps de trajet. Il arrive, malgré sa course, avec dix minutes de retard, essoufflé, transpirant.

« Je n'ai pas réussi à reprendre correctement mon souffle, dira-t-il après l'entretien, je me sentais tout collant, suant. Je n'ai pas eu le temps de passer aux toilettes pour me rafraîchir et cela a vraiment perturbé mon entretien. Je ne pensais pas que cela pouvait avoir autant d'importance et autant d'impact. La prochaine fois, je ne me laisserai pas avoir ! »

Votre présentation à l'accueil

Une fois arrivé dans l'entreprise, signalez votre présence à l'hôtesse d'accueil et indiquez-lui l'heure, la nature de votre rendez-vous ainsi que le nom de votre interlocuteur. N'oubliez pas de sourire et dites-vous que ce passage obligé fait déjà partie de votre entretien.
En effet, il est fréquent que les recruteurs demandent à l'hôtesse comment elle vous a perçu. Enlevez votre manteau, passez aux toilettes pour vous laver les mains, jetez votre chewing-gum et retouchez votre maquillage, mesdames.

L'attente

Asseyez-vous confortablement, mais ne vous avachissez pas dans le fauteuil : rien ne dit que l'on ne vous observe pas déjà. Si vous en avez la possibilité, préférez d'ailleurs une chaise à un fauteuil, au risque de ne pas pouvoir vous lever sans vous contorsionner.
Vous pouvez attendre en relisant vos notes, en feuilletant une revue ou en observant les va-et-vient à l'accueil. Cela constituera une source d'informations très intéressantes pour vous. Comment se comportent les salariés ? Sont-ils souriants ? Communiquent-ils entre eux ? Quel est leur style vestimentaire ? S'embrassent-ils? Se tutoient-ils ?...
Ne faites pas les cent pas devant l'accueil : cela aurait pour effet de gêner l'hôtesse, de vous stresser et de vous cataloguer en tant qu'impatient.
Si l'on vous fait attendre au-delà de quinze minutes après l'heure de votre rendez-vous, renseignez-vous avec calme et gentillesse. Si l'attente est vraiment trop longue, vous pouvez demander si le recruteur souhaite vous proposer un autre rendez-vous. Attention : cela peut être une technique pour tester votre résistance au stress !
Enfin, évitez de prendre un autre engagement trop proche de votre rendez-vous. Un entretien par demi-journée ou même par jour est une moyenne raisonnable.

Impact du stress sur votre image

L'entretien d'embauche est souvent une expérience éprouvante pour les nerfs. Or, il faut maîtriser votre stress, car il peut venir perturber la communication et ternir votre image. Ce sera une occasion pour le recruteur d'analyser votre capacité future à gérer la pression.

Pourquoi stressez-vous à un entretien d'embauche ?

La réaction de stress est une réaction normale de l'organisme face à un événement nouveau, inconnu et/ou à fort enjeu. En fait, ce n'est pas l'entretien de recrutement lui-même qui génère votre stress, ce sont les pensées négatives que vous développez autour de cet entretien qui le provoquent. Vous avez peur de ne pas être assez performant, pas assez qualifié pour le poste, d'être moins bon que les autres candidats...

Vous devez faire bonne impression, car les recruteurs ont des exigences élevées et vous savez que vous allez être jugé sur le moindre détail. Or, il faut absolument éviter de vous mettre trop de pression sur les épaules. Sachez que, si vous êtes convoqué, c'est parce que votre profil, votre CV intéressent le recruteur. Pour lui, le temps c'est de l'argent, donc il ne vous reçoit pas par hasard.

Les manifestations du stress

Peut-être n'en avez-vous pas conscience, mais le stress peut provoquer de très nombreux troubles physiques et psychologiques. Votre corps réagit contre ce qu'il ressent comme une agression ou une pression et cela peut se manifester par :

- des palpitations,
- des bégaiements,
- de la transpiration, des mains moites,
- une mauvaise haleine,

Comment
se comportent
les salariés ?
Sont-ils souriants ?
Communiquent-ils
entre eux ?
Quel est leur style
vestimentaire ?
S'embrassent-ils ?
Se tutoient-ils ?...

- de la diarrhée,
- des tremblements,
- une boule à l'estomac,
- la gorge sèche,
- une élocution plus rapide et désordonnée,
- des trous de mémoire,
- des gestes parasites,
- des pensées négatives,
- de l'irritabilité,
- du mal à vous concentrer,
- des troubles du sommeil...

Il est évident que, le jour de l'entretien, toutes ces manifestations jouent en votre défaveur physiquement et intellectuellement.

Les recruteurs et le stress des candidats

Ces manifestations du stress sont acceptables pour les recruteurs au début de l'entretien, mais doivent rapidement disparaître. La plupart vous aideront à vous détendre, mais certains seront moins patients que d'autres.

ÊTES-VOUS COMPRÉHENSIF
FACE À DES CANDIDATS STRESSÉS?

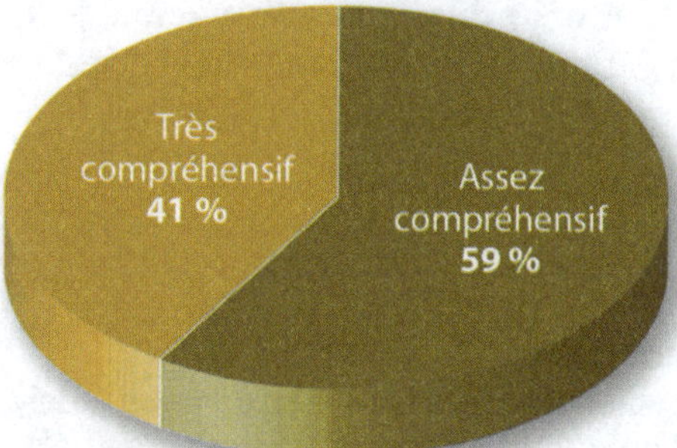

Source : étude réalisée en 2012 auprès de 80 recruteurs.

Selon cette étude que j'ai menée en début d'année 2012, fort heureusement, aucun d'entre eux n'a montré de l'incompréhension face au stress des candidats. Ils sont 59 % à être assez compréhensifs et 41 % à être très compréhensifs. Ce sont les recruteurs femmes qui se montrent le moins compréhensives face au stress du candidat.

Le bon stress

Le stress n'est pas toujours un facteur handicapant. En effet, il y a ce que l'on appelle le « bon stress ». C'est celui qui fait appel au dépassement de soi, au challenge (défi) ou qui met tout simplement en action. Cette montée d'adrénaline est ici positive et le stress est alors votre allié.
Certaines personnes disent ne fonctionner bien qu'avec une pression, un stress. Elles avouent même souvent attendre le dernier moment avant de réaliser quelque chose pour ressentir le stress, l'angoisse de ne pas terminer à temps. Attention néanmoins de ne pas trop jouer avec le feu : trop de stress et trop longtemps deviendra néfaste pour les performances.

LES MÉTHODES POUR GÉRER VOTRE STRESS

Voici quelques méthodes à appliquer en amont et le jour même de votre entretien pour diminuer la pression. Plus vous les mettrez en application et moins vous vous laisserez envahir par le stress, quelle que soit la situation.
Contrôler le stress vous permettra d'être beaucoup plus maître de l'entretien.

Avant l'entretien

Une bonne hygiène de vie

• Bien dans son corps = bien dans sa tête : le sport vous aidera à évacuer les tensions du quotidien rencontrées lors de votre recherche d'emploi. Vous arriverez mieux à gérer vos émotions et vous serez moins nerveux le jour de l'entretien.
• Ne pas faire la fête la veille : évitez de veiller trop tard ou de sortir la veille. Vous arriverez avec des cernes et la mine

déconfite face au recruteur. Le manque de sommeil est l'une des causes du stress.
• Manger équilibré : pas de plat trop lourd ou trop épicé la veille, mangez léger et équilibré. Le matin du jour J, avalez quelque chose, ne partez pas le ventre vide.

De la planification

Faites en sorte d'avoir préparé la veille tout ce dont vous aurez besoin le lendemain. Bloc-notes, crayons, CV imprimé, tenue vestimentaire repassée et prête.

De la préparation

La première question du recruteur est souvent celle qui consiste à vous demander de vous présenter. Là, votre niveau de stress est souvent à son maximum. Plus vous aurez préparé votre entretien, plus vous saurez ce que vous allez dire, plus vous aurez un sentiment de contrôle, moins vous aurez peur.
Afin d'éviter un retour de stress en cours d'entretien, préparez-vous également aux questions pièges liées aux détails de votre CV ou à un parcours atypique.

Du plaisir et de la détente

Si vous en avez la possibilité, la veille, faites-vous plaisir : voyez des amis, allez au cinéma, écoutez de la musique relaxante... bref, décompressez.

À savoir

Qu'est-ce qu'un CV atypique ?

- **Une personne qui suit de nombreuses formations sans aucun lien les unes avec les autres.**
- **Un candidat qui change de poste, d'entreprise tous les ans.**
- **Un CV avec de très nombreux mois sans activité professionnelle...**

ZOOM

FLORILÈGE DE QUESTIONS PIÈGES

- Parlez-moi de vous.
- Pouvez-vous expliquer le trou de quelques mois dans votre CV ? Qu'avez-vous fait ?
- Pourquoi avez-vous quitté (ou souhaitez-vous quitter) votre dernier employeur ?
- Citez-moi votre plus belle réalisation professionnelle ? Ce dont vous êtes le plus fier ?
- Comment réagissez-vous face au stress ?
- Pouvons-nous continuer l'entretien en anglais ? (si cette langue est mentionnée sur le CV).
- Quels sont vos loisirs, vos centres d'intérêt ?
- Où vous voyez-vous dans 5 ans ?
- Pourquoi je vous choisirai, vous, plutôt qu'un autre candidat ?
- Quels sont vos défauts ?

Le jour J

ARRIVER UN PEU EN AVANCE

Rien n'est plus stressant que d'arriver en retard à un rendez-vous, comme on l'a vu au début de ce chapitre.

LA RESPIRATION ABDOMINALE

Dans la salle d'attente, calez-vous au fond de la chaise et maintenez le dos droit, mais sans tension. Ensuite, fermez les yeux, posez une main sur le ventre et l'autre sur votre poitrine, fermez la bouche et inspirez profondément par le nez en gonflant le ventre. Puis expirez lentement et profondément en rentrant progressivement le ventre. Répétez plusieurs fois cet exercice avant d'attaquer l'entretien. En inspirant, vous repoussez la main posée sur votre ventre. Petit à petit, vous sentirez se desserrer le nœud qui vous comprimait le ventre. Entraînez-vous plusieurs fois chez vous avant le jour de l'entretien.

Positiver

Vous avez préparé votre entretien. Si vous êtes convoqué, c'est que votre profil intéresse le recruteur, alors inutile de vous dénigrer : vous êtes déjà parmi les meilleurs !

Relativiser

Le recruteur éprouve lui aussi le stress de devoir trouver le bon candidat. Cet entretien sera pour vous l'occasion d'obtenir des réponses à vos questions et de vérifier que le poste et l'entreprise correspondent à votre projet professionnel. Surtout, soyez objectif et conscient de vos capacités et de vos lacunes. Cela constitue une preuve de maturité pour vous et pour le recruteur. Enfin, dites-vous que vous allez faire de votre mieux pour réussir cet entretien.

Conclusion

- **Arrivez en avance à l'entretien pour avoir le temps de vous rafraîchir, de vous relaxer.**
- **Présentez-vous poliment à l'accueil.**
- **Asseyez-vous confortablement, mais sans vous relâcher, et regardez ce qui se passe autour de vous.**
- **Minimisez votre stress en amont en ayant pris soin de préparer tout ce dont vous aurez besoin le jour J, y compris votre tenue vestimentaire.**
- **Apprenez à pratiquer la respiration abdominale pour vous détendre.**
- **Relativisez, si vous êtes là c'est que vous avez les compétences requises.**

4. La première impression : vous n'y échapperez pas

Dans tout entretien, vous n'aurez qu'une seule occasion de donner une bonne première impression. En effet, beaucoup de choses se jouent durant les toutes premières minutes sans que le moindre mot n'ait été prononcé. Le recruteur va beaucoup vous observer et être particulièrement attentif à votre comportement durant ces premiers instants.

C'est d'abord à partir de traits visibles que vous serez analysé : la façon de vous présenter, de serrer la main, de vous habiller, de vous tenir, de marcher, votre posture, votre regard, votre sourire... Tout cela constitue la première impression. En tant qu'êtres humains, les recruteurs y sont sensibles. Ensuite, l'opinion émanant de cette première impression sera confrontée à votre discours.

Nous n'avons qu'une seule occasion de faire une bonne première impression, il faut le savoir.

Certains recruteurs se fient complètement à cette première impression, sur ce ressenti qu'ils ont en voyant la personne pour la première fois, pour prendre leur décision. D'autres tentent de valider, relativiser, voire d'annuler leur sentiment initial au cours de l'entretien.

Quoi qu'il en soit, autant être averti pour pouvoir donner la meilleure première impression possible de vous.

MINI SOMMAIRE

- La première impression : un moment clé
- À quoi pensent les recruteurs ?
- L'importance de la communication non verbale
- La poignée de main : le premier contact physique avec le recruteur
- Soignez votre entrée
- Distances et positions à adopter face à votre interlocuteur

La première impression : un moment clé

Il est capital de réussir la première impression que vous allez donner, car c'est sur elle, en bonne partie, que le recruteur vous jugera. Bien entendu, l'entretien ne se limite pas à cet instant, mais si la première impression laissée est mauvaise, il vous sera difficile de vous en défaire par la suite.
La façon de vous habiller, de vous présenter, de serrer la main, votre posture, tout cela donne une première impression et les recruteurs y sont sensibles.

La première impression, c'est quoi ?

Lors d'une première rencontre (quelle qu'elle soit), la première impression est une évaluation instinctive de ce que représente l'interlocuteur. Instinctive, car elle ne fait pas appel au raisonnement, à la réflexion. Autrement dit, à chaque fois que vous rencontrez une nouvelle personne, vous émettez un avis, un jugement sur elle de façon immédiate et spontanée. En effet, la première impression naît en une fraction de seconde. La perception de l'autre se fera en premier lieu par rapport au langage corporel, avant même que la personne n'ait prononcé un seul mot.

Une impression en 100 millisecondes

« Elle ne m'inspire pas confiance », « il n'a pas l'air sympathique »... Nous formulons tous ce type de remarques en apercevant quelqu'un sans avoir échangé le moindre mot avec cette personne. On sait qu'on ne devrait pas, mais c'est plus fort que nous.
En 2006, Alex Todorov, psychologue à l'université de Princeton, aux États-Unis, a mené une étude dont les résultats, assez étonnants, permettent de comprendre le caractère quasi immédiat de la première impression.
Des images de 66 visages ont été montrées à 200 personnes pendant une seconde, une demi-seconde ou un dixième de

seconde. Les observateurs devaient indiquer s'ils trouvaient que la personne avait l'air fiable ou non. D'autres tests consistaient à demander de juger de l'attrait, de la compétence ou encore de la sympathie des personnes dont les visages apparaissaient.
Les résultats, publiés dans la revue *Psychological Science*, indiquent que un dixième de seconde suffit pour savoir si une personne est attirante, fiable, sympathique et même compétente. Si nous pouvons répondre si rapidement, cela prouve que nos capacités de raisonnement n'ont pas le temps d'influencer nos réactions face à un nouveau visage. Mais pourquoi réagissons-nous comme cela ?

Où se crée la première impression ?

Elle prend forme au niveau du cerveau « reptilien ». Ce dernier, également appelé « archaïque » ou « primaire », est responsable des comportements primitifs, de notre instinct de conservation. Il serait notre héritage animal, et donc le premier à s'être constitué. Le cerveau « limbique », quant à lui, est dévolu aux principaux comportements instinctifs et à la mémoire (foyer des émotions et du stress). Enfin, le néocortex est dédié au raisonnement logique, au langage et à l'anticipation des actes.
Le cerveau reptilien, et donc primaire, entraîne des comportements stéréotypés, préprogrammés, comme les préjugés. Ces comportements sont incapables d'adaptation et restent insen-

À retenir

La première impression est :

- **Unique.**
- **Incontournable.**
- **Instinctive.**
- **Immédiate.**
- **Liée au langage corporel, au non-verbal essentiellement.**
- **Primordiale.**
- **Déterminante.**

sibles à l'expérience du fait que le cerveau primitif n'a accès qu'à une mémoire à court terme. Il ne peut pas exploiter les souvenirs qui forgent l'expérience.

De quoi est constitué notre message ?

Albert Merhabian, psychologue américain, a réalisé au début des années 1970 une expérience visant à estimer l'importance relative des mots, de la voix et des expressions du visage dans l'appréciation ou le rejet de quelqu'un. Les résultats de ses études sont encore énormément cités et utilisés de nos jours. Selon ces résultats, lors d'une première rencontre, ce qui compte pour former son jugement sur l'autre, ce sont :

- le visuel pour 55 %,
- le vocal (intonation et son de la voix) pour 38 %,
- le verbal pour 7 % seulement !

Cela veut dire que 93 % de l'opinion que l'on se fait de la personne en face de soi repose sur le non-verbal : l'attitude générale, la posture, la gestuelle, le ton de la voix, l'apparence, la tenue vestimentaire, la coiffure, le maquillage...
Le non-verbal serait donc 13 fois plus puissant que le verbal !

À quoi pensent les recruteurs ?

De nombreux recruteurs considèrent qu'après vous avoir vu, avoir serré votre main et après que vous vous soyez assis, ils sont en mesure de savoir si vous pourrez correspondre au poste ou non. Si tous ne réagissent pas de cette façon, la première impression pèse néanmoins très lourd dans le résultat final.

Comment se construit l'impression du recruteur ?

La première impression est instinctive, donc empêche d'appréhender de façon neutre et objective les caractéristiques réelles d'un individu. Seules les informations qui confirment le sentiment initial seront retenues. Autrement dit, seules les informations en adéquation avec la première impression seront prises en compte.

Un dixième de seconde suffit pour savoir si une personne est attirante, fiable, sympathique et même compétente.

A QUEL MOMENT VOUS FAÎTES-VOUS
UNE PREMIÈRE IMPRESSION SUR UN CANDIDAT ?

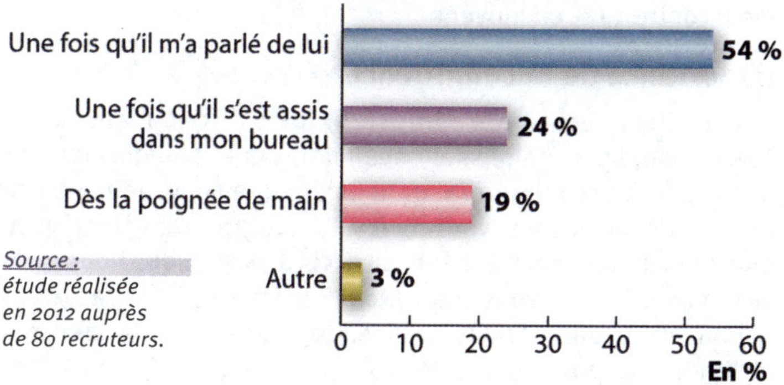

Source :
étude réalisée en 2012 auprès de 80 recruteurs.

Si ce que vous énoncez est en contradiction avec votre image, le recruteur en sera perturbé. **Comme c'est la première impression qui est la plus spontanée, c'est elle qui persistera.**
Notons que, si plus de la moitié des recruteurs attendent que le candidat leur ait parlé de lui, 46 % se font néanmoins une opinion avant même qu'il n'ait ouvert la bouche, autrement dit sur des critères liés à la communication non verbale.
Les femmes sont plus rapides en la matière puisque 30 % se font une première impression lorsque le candidat s'est assis dans leur

VÉCU

DÉSACCORDÉ

Lorsque j'effectuais des entretiens de recrutement pour embaucher des consultants, il m'est parfois arrivé de rencontrer des candidats dont l'image était en inadéquation avec leur discours. Un jour, un candidat courbé, le regard un peu fuyant, timide, déclare durant l'entretien qu'il est très ouvert, sociable et bon communiquant.

Il y avait évidemment discordance entre son image et son discours. Ce que j'ai retenu, c'est son image, sa gestuelle et j'en ai conclu qu'il aurait beaucoup de mal à « affronter » les clients, surtout en cas de conflit.

bureau contre 18 % des hommes. 47 % des jeunes recruteurs (entre 20 et 29 ans) se font une première impression dès la poignée de main contre 19 % en moyenne.

Importance de la congruence

Si certaines personnes contestent les chiffres avancés par Merhabian, ils reconnaissent néanmoins que, pour former leur jugement, il est primordial qu'il existe une congruence entre les 3 V (visuel, vocal et verbal). **Il y a « congruence » lorsque ce que vous montrez est à la fois en accord avec ce que vous pensez et avec ce que vous ressentez.** Si ce n'est pas le cas, c'est le non-verbal qui prend le dessus, donc ce sont les gestes, les attitudes, les postures... perçus en premier qui attirent l'attention de votre interlocuteur et suscitent l'interrogation (s'ils sont en désaccord avec votre discours).

Adéquation avec l'entreprise

C'est donc également lors de la première impression que le recruteur saura si vous pouvez ou non correspondre, du point de vue de l'image, à l'entreprise dans laquelle vous postulez. Connaissant les codes vestimentaires de l'entreprise, il saura instantanément, dès qu'il vous verra, si vous pouvez ou non vous intégrer.

EN RÉSUMÉ

LORS DU PREMIER CONTACT ET EN QUELQUES SECONDES

- **Le recruteur regarde d'abord votre visage et notamment vos yeux.**
- **Ensuite votre démarche, votre allure, votre posture et votre tenue vestimentaire.**
- **Il vous serre la main.**
- **Puis écoute votre voix et analyse votre façon de parler.**
- **Enfin il s'intéresse au contenu de votre discours.**

Vous êtes donc :

- D'abord vu
(car nous voyons plus vite que nous n'entendons).
- Ensuite entendu.
- Et enfin, parfois compris !

L'importance de la communication non verbale

C'est la première chose que le recruteur analysera de vous, avant même que vous n'ayez ouvert la bouche. En effet, beaucoup d'entre eux sont formés à interpréter ces signaux et peuvent donc plus rapidement vous juger.
Votre communication non verbale viendra renforcer votre discours, mais pourra aussi le décrédibiliser si elle est inadaptée.

L'histoire du langage non verbal

Le langage du corps, ou langage non verbal, vieux de millions d'années, est bien antérieur à l'apparition du langage verbal qui daterait seulement d'il y a 35 000 ans.

Charles Darwin (1809-1882), naturaliste anglais

Il est le premier savant à avoir étudié le langage corporel à travers les expressions des émotions chez l'homme et les animaux. Après avoir scandalisé, sa théorie indiquant que nous descendons du singe est devenue une vérité universelle.

Paul Ekman (né en 1934), psychologue américain

Dans la lignée des études de Darwin, il a découvert que chaque culture utilise les mêmes expressions faciales de base pour montrer ses émotions. Il en a conclu qu'elles sont innées.
Nous naissons en effet tous avec un patrimoine gestuel commun qui nous permet de nous comprendre aux quatre coins de la planète, par-delà les langues. Il s'agit, entre autres, des expressions faciales de la joie, de la tristesse, du dégoût, de la peur, de la colère, de la surprise. Il a été démontré que même les

personnes aveugles de naissance présentent des expressions complexes du langage du corps.
Les messages non verbaux sont donc pour bon nombre des gestes hérités de nos lointains ancêtres. Ce qui explique que nous les utilisons parfois sans nous en rendre compte.

Les gestes culturels

En plus de ces gestes innés, il y a les gestes culturels, appris.
La signification d'un geste dépend de la situation, de l'émetteur, du récepteur, de la culture, de la religion. Par exemple, lever le pouce est un geste utilisé par les auto-stoppeurs en Europe, mais il est aussi considéré comme l'une des plus vulgaires insultes gestuelles dans certains pays du Moyen-Orient comme en Afrique de l'Ouest, en Amérique du Sud, en Iran, en Irak et aussi en Sardaigne.

Que recouvre la communication non verbale ?

C'est un mode de communication qui ne recourt par au « verbe ». Autrement dit, tout ce que l'on peut observer de vous en dehors de votre langage verbal.
Le médecin et romancier français Martin Winckler la définit comme le fait d'envoyer et de recevoir des messages sans passer par la parole. Elle désigne le plus souvent le langage gestuel inconscient – parfois à peine perceptible – de l'espèce humaine. Elle complète le message auditif et exprime les émotions, les sentiments, les valeurs.
Toujours présente, elle est responsable d'une grande partie de l'opinion que vous vous faites des autres et qu'ils se font de vous. **Les canaux du langage non verbal sont : les gestes, le regard, le visage, le toucher, le paralangage (timbre, volume, rythme, vitesse de la voix), l'apparence physique, la posture, les silences, l'utilisation des objets.**
La communication non verbale est un domaine d'étude vaste qui est couvert par différentes spécialités scientifiques comme la psychologie, la neurologie, l'anthropologie, la sociologie, la linguistique ou l'éthologie.

Notre communication est principalement non verbale

C'est le résultat de recherches menées par les universités américaines et des laboratoires indépendants. Le non-verbal occuperait 93 % de la communication. Composé de 38 % de communication vocale (intonations, ton, volume, rythme de la voix) et de 55 % de communication visuelle (expressions du visage et langage corporel), par opposition à la communication verbale qui serait limitée à environ 7 %.
Nous utilisons le langage du corps tous les jours, de manière plus ou moins naturelle, la plupart du temps inconsciemment. Nous sous-estimons souvent sa force et son impact.
Plus de la moitié des échanges avec vos interlocuteurs passe donc par le langage corporel. Il est la forme de communication la plus spontanée, la plus expressive et la plus révélatrice de ce que vous êtes.

EN RÉSUMÉ

La communication non verbale est l'une des composantes les plus importantes dans un entretien de recrutement. Au cours de l'entretien, le recruteur reçoit une majorité de messages non verbaux : seulement 35 à 45 % des informations passent par les mots et la voix.

Les recruteurs tiennent de plus en plus compte de la communication non verbale des candidats pour évaluer la véracité de leurs propos. La communication non verbale va donc renforcer et crédibiliser le langage verbal si elle est en adéquation, mais peut aussi le décrédibiliser si elle n'est pas en congruence avec lui.

Lorsque les mots ne s'accordent pas avec les gestes, on jugera bien souvent que ce sont les gestes qui disent la vérité. Tout simplement parce que le corps ne ment pas. Vous pouvez décider de mentir, d'enjoliver la vérité, mais votre corps, lui, pourra émettre des signes contraires. Pensez à ce que vous dites, mais pensez aussi à la manière dont vous le dites.

LA POIGNÉE DE MAIN : LE PREMIER CONTACT PHYSIQUE AVEC LE RECRUTEUR

La deuxième impression laissée par un individu est liée à la poignée de main. Les recruteurs y accordent une grande importance. La poignée de main transmet les premiers messages positifs ou négatifs de la personne qu'ils viennent de rencontrer.

Un geste : plusieurs significations

De très nombreuses théories fleurissent sur l'origine de la poignée de main.

• Certains pensent qu'elle daterait du Ve siècle avant J.-C. où des textes et des vestiges archéologiques indiquent que la poignée de main était pratiquée par les soldats dans la Grèce antique.

• Pour d'autres, elle serait apparue en tant que symbole de paix signifiant qu'aucun des protagonistes ne possédait d'arme dans sa main. Tendre la main devait permettre de découvrir tout objet aiguisé contenu dans les manches.

• D'autres encore optent pour le IVe siècle avant J.-C. d'après une stèle funéraire au musée de Berlin figurant un mari et sa femme se serrant la main. On peut néanmoins se demander si ce geste ne pourrait pas être assimilé à une marque d'affection.

Un geste plein de sens

Quelle que soit son origine, la poignée de main est désormais ancrée dans notre culture et fortement analysée par les recruteurs. En effet, de nombreuses études ont montré que les poignées de main sont riches d'informations. Elles sont stables dans le temps, c'est-à-dire que nous serrons la main de la même façon tout au long de notre vie, mais vous pouvez vous entraîner pour apporter consciemment certaines corrections qui permettront à vos poignées de main de refléter de façon plus correcte votre personnalité, ou de masquer certains de vos défauts.

ZOOM

Incroyable

Une découverte très surprenante a été publiée par le Dr Rachel Cooper et son équipe anglaise du Medical Research Council : **la force de notre poignée de main serait un indicateur de notre espérance de vie.** Après avoir compilé les données de 33 études auxquelles 50 000 personnes avaient participé, ils en sont arrivés à la conclusion qu'une poignée de main ferme serait révélatrice d'une plus longue espérance de vie. La mortalité des hommes et femmes à la poignée de main molle serait supérieure de 67 % à celle des hommes et femmes à la poignée de main ferme.

QUELLE IMPORTANCE ACCORDEZ-VOUS À LA POIGNÉE DE MAIN D'UN CANDIDAT?

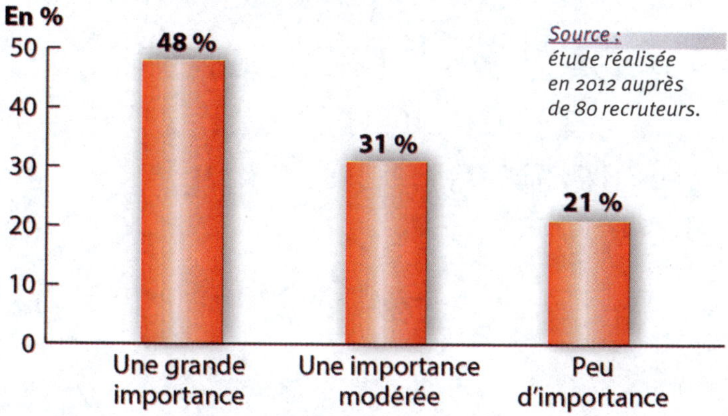

Source : *étude réalisée en 2012 auprès de 80 recruteurs.*

Comme le montre le graphique ci-dessus, 79 % des recruteurs interrogés accordent de l'importance à votre poignée de main. Elle est le premier contact physique avec votre interlocuteur. C'est également le geste qui conclut votre rencontre. Il est donc primordial de vous entraîner et de savoir quels effets produit la vôtre.Seuls 21 % des recruteurs indiquent qu'elle n'aura aucune influence sur le jugement qu'ils se feront de vous.

La poignée de main est désormais ancrée dans notre culture et fortement analysée par les recruteurs.

Qu'est-ce qu'une bonne poignée de main ?

La poignée de main est composée de plusieurs paramètres :

- **La durée :** ni trop courte ni trop longue, deux ou trois secousses sont idéales.
- **Le regard :** il est fondamental et vous devez être le premier à accrocher le regard de votre interlocuteur tout en lui serrant la main qu'il vous tend.
- **La parole appropriée :** en serrant la main de votre interlocuteur, dites-lui bonjour en vous présentant.
- **Le sourire :** gratifiez votre interlocuteur de votre plus beau sourire. Vous lui indiquerez votre joie de le rencontrer. C'est primordial.
- **La force :** votre poignée de main ne doit être ni trop forte ni trop molle (voir le tableau page suivante). Il faut tenter de régler votre pression sur celle de votre interlocuteur.
- **L'angle et la précision :** votre main droite est bien perpendiculaire au sol et les mains s'emboîtent parfaitement. Ne creusez pas votre main : vous empêcheriez le contact.
- **La distance :** votre corps doit avancer en même temps que votre main, il doit accompagner votre main de telle sorte que votre avant-bras soit fléchi.
- **La température de la main :** veuillez à ce que votre main ne soit ni trop froide ni trop moite. En arrivant, aller se laver les mains permet d'éviter ce genre de désagrément.

À ÉVITER

- **Une poignée de main molle.**
- **Une poignée de main trop rapide.**
- **Une poignée de main trop longue.**
- **Une poignée de main moite ou glaciale.**
- **Une poignée de main « broyante ».**
- **Une poignée de main avec votre autre main posée sur l'épaule de votre interlocuteur ou sur sa main (signe de volonté de domination).**

Exercices pratiques

Entraînez-vous et essayez de mettre en pratique les conseils donnés. Analysez les poignées de main de vos interlocuteurs, comparez votre analyse avec votre impression sur cette personne.

INTERPRÉTATION DES POIGNÉES DE MAIN

Poignée de main	Trait psychologique déduit	Pourcentage
Molle	Manque de caractère	66 %
Très longue	Compatissant, chaleureux, remercie	63 %
Ferme	Franc et direct	38 %
	A du caractère	34 %
Écrasante	Autoritaire	29 %
	Franc et cordial	25 %
Moite	A chaud	41 %
	Anxieux, nerveux	32 %
Brève	Vif d'esprit	38 %
	A du caractère	34 %
Se colle à vous	A de l'affection	48 %
	Manque de respect	34 %
Évite du regard	Timide	47 %
	Sournois	31 %

Source :
Marc-Alain Descamps,
Le Langage du corps et la communication corporelle *(PUF, 1993).*

Soignez votre entrée

Encore une occasion pour le recruteur de continuer à vous observer. Votre démarche, votre allure, la façon dont vous entrez dans le bureau : tout sera analysé. Même si l'entretien n'a pas formellement commencé, soyez vigilant.

Juste avant d'entrer dans le bureau : on parle de quoi ?

Vous passez quelques secondes avec le recruteur avant que ne démarre réellement l'entretien. De nombreux candidats craignent ce moment avant l'entretien. Faut-il parler ? Et de quoi parler ? Vous n'êtes pas obligé de parler même si le trajet jusqu'au bureau dure un peu. L'entretien ne commence pas dans le couloir. Contentez-vous de répondre aux questions éventuelles avec sobriété. Ne baissez pas la tête, regardez bien le recruteur dans les yeux.

Si vous vous sentez suffisamment à l'aise pour parler, vous pouvez l'interroger sur les autres filiales du groupe, sur le nombre de salariés présents sur le site, sur les autres sites, ou aborder une actualité récente en lien avec l'entreprise.

Attention : si le recruteur n'est pas très loquace, n'insistez pas.

Votre démarche

Souvent, le recruteur vous fait passer devant lui et observe votre démarche, votre façon de vous déplacer.

Votre façon de marcher est un acquis naturel, le résultat d'un apprentissage, et chacun d'entre nous adapte sa démarche à sa personnalité. Néanmoins, et c'est la bonne nouvelle, vous pouvez améliorer votre façon de marcher.

Mon conseil

Faites-vous filmer en train de marcher. Regardez quelle allure vous avez et surtout si elle correspond à celle que vous voulez et pensez donner aux autres. Vous serez parfois surpris du résultat.

VÉCU

UNE MAUVAISE CHUTE

Laëtitia avait rendez-vous pour un poste d'hôtesse sur un salon. Étudiante, elle avait besoin de se trouver un petit job pour financer ses études. Pour l'occasion, elle avait revêtu des vêtements plutôt sexy et portait des escarpins avec des talons de 10 cm gentiment prêtés par une amie.

Habituellement en baskets ou en bottines, elle a non seulement eu beaucoup de mal à traverser le long couloir qui la menait au bureau du recruteur, mais elle a finalement chuté au seuil de sa porte.

Honte, gêne, douleur et perte de crédibilité l'ont accompagnée tout au long de l'entretien. Difficile ensuite de dire que l'on a toutes les qualités requises pour le poste…

Votre démarche affiche votre dynamisme, votre motivation, alors il est important de la travailler. Elle doit être en cohérence avec le reste de votre personnalité.

SI VOUS SOUHAITEZ AMÉLIORER VOTRE DÉMARCHE, VOUS DEVEZ :
- regarder droit devant vous,
- relever votre tête et votre menton,
- mettre vos épaules en arrière,
- placer votre buste légèrement en avant,
- marcher droit avec une bonne cadence, ni trop vite ni trop lentement.

Vous n'y arriverez pas du premier coup, mais entraînez-vous et filmez-vous de nouveau. Non seulement vous aurez une démarche plus assurée, mais vous vous rendrez compte que cela vous donnera une plus grande confiance en vous et une belle énergie.

Votre entrée en scène

Entrez d'un pas décidé, sans hésiter. Cela montrera votre détermination et votre volonté. Seules les personnes qui manquent

de confiance en elles piétinent à la porte d'un bureau.
En arrivant dans le bureau du recruteur, attendez qu'il vous invite à vous asseoir. S'il ne vous indique pas de siège et qu'il y en a plusieurs, asseyez-vous dans celui se trouvant le plus en face de lui possible (s'il le faut, déplacez une chaise). S'il est debout et que plusieurs endroits sont possibles (bureau, table de réunion, salon privé...), demandez-lui où se déroule l'entretien. S'il ne vous propose pas de vous asseoir, intentionnellement peut-être, ne restez pas debout, mais posez-lui la question : « Est-ce que je peux m'assoir ici ? » et asseyez-vous.

Distances et positions à adopter face à votre interlocuteur

À quelle distance dois-je me placer ? Puis-je prendre mes notes sur son bureau ? Comment me positionner sur ma chaise ? Que faire de mes mains, de mes pieds ?
Des éléments que le recruteur ne manquera pas de relever et qui pourront vous desservir si vous ne connaissez pas les codes.

Prenez le temps de vous installer

Après votre entrée dans le bureau, le recruteur va maintenant observer la façon dont vous vous installez et les postures que vous allez adopter.
Prenez quelques instants pour bien vous placer. Déposez votre manteau à côté de votre siège ou sur un portemanteau. Posez également votre sacoche et sortez immédiatement les différents éléments dont vous pourriez avoir besoin (CV, lettre de motivation, feuilles blanches et stylo). Ayez pris soin d'avoir organisé le rangement de vos affaires afin que cette recherche ne dure pas plus de une ou deux secondes.

Les distances à respecter

L'appréciation de la distance à avoir vis-à-vis de votre interlocuteur est fondamentale.

■ Vous êtes reçu en face de lui, de l'autre côté de son bureau

Il faut positionner votre chaise à une distance qui vous place ni trop loin de son bureau (signe de recul trop évident, de désintérêt, voire d'une trop forte timidité qui sera mal perçue), ni trop près. Par exemple, il est tout à fait inapproprié de venir placer vos mains ou tout document personnel (bloc-notes...) sur son bureau, en tout cas sans y avoir été invité !
Si le bureau du recruteur est assez large et peu encombré, vous pouvez lui demander la permission de prendre des notes sur le bord de son bureau. Dans le cas contraire, vous les prendrez sur vos genoux.

■ Vous êtes reçu à une table de réunion, à côté de son bureau

Cette table est à percevoir comme un espace plus « neutre ». Vous pourrez y déposer un dossier, un CV, un bloc-notes... sans toutefois envahir tout l'espace.
Même si vous vous sentez à l'aise et que l'entretien se passe bien, respectez une distance raisonnable avec votre interlocuteur. Ne vous avancez pas trop sur le bureau, ne l'envahissez pas avec des gestes trop amples et ne le touchez pas, par exemple en lui tapotant l'épaule.

Comment se positionner sur la chaise

Calez-vous confortablement au fond de votre chaise. Ne vous asseyez pas au bord : vous donneriez l'impression de vouloir partir ou encore de paraître incertain et timide. Placez-vous bien en face de votre interlocuteur. Si nécessaire, déplacez la chaise.

Votre buste

Pour démontrer votre assurance et votre ouverture, avancez votre buste en avant, ne vous adossez pas à la chaise au risque de vous avachir ou d'être beaucoup trop éloigné de votre interlocuteur.

Vos pieds

Placez vos pieds bien à plat sur le sol. Pas question de les entortiller autour des pieds de la chaise, de les cacher sous la chaise ou encore de vous mettre sur la pointe des pieds.

Vos bras

Ils seront sur les accoudoirs ou la table et accompagneront votre discours avec quelques gestes des mains. Votre gestuelle sera ouverte.

Évitez de croiser les bras, ce qui pourrait vous donner une attitude de fermeture. Cette position traduit parfois un réflexe de protection. Elle peut aussi être interprétée comme un manque d'ouverture sur l'extérieur et sur les autres.

Vos mains

Afin d'éviter les gestes parasites (qui sont développés dans le prochain chapitre), favorisez les gestes qui servent d'accompagnement au discours, démontrent une implication dans la conversation, permettent d'appuyer certains propos et apportent une note d'enthousiasme. Utilisez-les néanmoins avec parcimonie, l'attention de votre interlocuteur devant rester concentrée sur ce que vous dites et non pas sur les gestes que vous faites.

Bonne position

- assise au fond de la chaise,
- face à un bureau (pas collée au bureau),
- buste légèrement penché en avant,
- pieds bien à plat sur le sol,
- bras posés sur l'accoudoir,
- mains ouvertes, paumes vers le ciel,
- souriante.

Mauvaise position

- assis au bord de la chaise,
- collé au bureau,
- bras croisés,
- pieds entortillés
autour des pieds de la chaise,
- regardant vers le bas,
- pas souriant.

EN CONCLUSION

• Prenez le temps de vous mettre à votre aise. Adoptez une position confortable dès le début de l'entretien.

• Positionnez-vous bien en face de votre interlocuteur.

• Tenez-vous bien droit, les épaules relâchées, mais pas avachies. Ne soyez pas recroquevillé sur vous-même.

• Placez-vous au fond de votre chaise et penchez votre buste en avant, signe d'une écoute active.

• Vos bras doivent être détendus et vos gestes ouverts.

• N'envahissez pas l'espace de votre interlocuteur.

• Sortez immédiatement vos effets personnels (CV, bloc-notes, crayon...). Il est terriblement dérangeant pour vous comme pour votre interlocuteur d'interrompre l'entretien pour chercher ce dont vous avez besoin au fond de votre sac.

• Lorsque vous êtes assis, ouvrez votre veste messieurs, cela signifie que vous entrez en communication avec votre interlocuteur.

• Et enfin, n'oubliez pas de regarder le recruteur dans les yeux et de sourire !

5. Vos gestes parlent de vous

Les gestes accompagnent et complètent le message verbal. Nous faisons environ six gestes par minute en situation de communication. À eux seuls, ils expriment la joie, le stress, le mensonge, le doute, le rejet, le désintérêt, l'impatience, le besoin de se protéger...

Le décryptage du langage gestuel est aujourd'hui à la mode. Recruteurs, DRH, coachs, psychologues et même quelques neurologues s'y intéressent.

Décoder les gestes de la communication non verbale peut vous aider à donner une meilleure image de vous, mais également à mieux comprendre les pensées et émotions de votre interlocuteur.

Ce chapitre aborde quelques gestes facilement analysables. Mais attention à ne pas vous laisser aller à des interprétations toutes faites. Vous devez prêter en même temps attention à la gestuelle et au discours.

MINI SOMMAIRE

- La synergologie
- Identifier les gestes parasites
- Petite revue des gestes parasites
- Quel est l'intérêt
  de connaître les gestes parasites ?
- Pouvons-nous contrôler
  nos gestes parasites ?
- Les gestes positifs

La synergologie

Elle peut être très utile pour comprendre les émotions ressenties par votre interlocuteur grâce à l'observation de son langage corporel. Les recruteurs, qui connaissent de plus en plus la signification des gestes, s'en servent souvent pour vérifier la véracité de vos propos.

Qu'est-ce que la synergologie ?

Philippe Turchet, chercheur en sciences humaines, travaille sur l'analyse du comportement humain depuis les années 1980.
En 1996, il crée la synergologie qui étudie les attitudes corporelles, les micro-expressions, pour mieux comprendre le fonctionnement humain. Selon les synergologues, il existe des gestes dits « inconscients », susceptibles de véhiculer une information, et des gestes conscients et culturels comme lever la main pour appeler un taxi, lever le pouce pour indiquer que c'est ok... Pour eux, seuls 5 % de nos gestes relèvent de la culture, les autres viendraient du plus profond de soi et seraient universels.
Grâce aux observations de très nombreuses situations, les synergologues peuvent compter près de 3 000 attitudes corporelles qu'ils ont classées et reliées à des émotions.
La synergologie est donc une méthode de décryptage du langage non verbal.

À quoi peut servir la synergologie en entretien d'embauche ?

Nous avons vu l'importance de notre gestuelle dans la communication. En entretien, nous pouvons taire nos émotions (peur, stress, déception, joie...), mais rarement les cacher totalement.
En effet, nous exprimons nos ressentis et nos sentiments par des micro-mouvements, micro-gestes, micro-démangeaisons.
Ils sont présents pour dire ce que notre parole ne dit pas. Or, de plus en plus de recruteurs sont formés à ces analyses.
Peut-on changer nos attitudes afin de ne pas faire apparaître

> Autrement dit, on peut arriver à comprendre ce que ressent l'autre grâce à l'étude de sa gestuelle, de ses expressions faciales et corporelles.

ces micro-mouvements ? Ce n'est pas dans ce sens qu'il faut agir puisqu'ils sont justement souvent inconscients. La solution est de modifier vos pensées. Puisque ces gestes interviennent pour livrer ce que vous ressentez, si votre pensée est positive, comme l'est votre discours, ils n'apparaîtront pas.

La pensée positive

• Pour avoir une pensée positive, il est nécessaire d'être serein certes, mais aussi de **savoir écouter l'autre pour bien le comprendre.**

• **N'hésitez pas à faire reformuler votre interlocuteur** pour être bien sûr de l'avoir compris.

• Si ce qu'il vous dit ne vous convient pas, **utilisez l'assertivité, c'est-à-dire dites ce que vous pensez avec bienveillance.**

• **Vous êtes en droit d'exprimer votre ressenti** et de considérer certaines choses comme acceptables et d'autres comme non acceptables par rapport à vos valeurs, vos contraintes, vos envies, vos motivations...

Mieux comprendre l'autre

La synergologie vous permet également de mieux comprendre votre interlocuteur au travers de sa gestuelle. Si, au milieu de l'entretien, il se ferme par ses attitudes ou sa façon d'être, c'est sans doute vous qui avez suscité cet état chez lui. Il s'agira donc

Pour info

La synergologie entre dans la police française

En janvier 2012, en France, cinq policiers ont entamé une formation à la synergologie qui durera 3 ans. Cela leur a permis « d'appréhender les réactions inconscientes d'une personne interrogée (victime, témoin, auteur) et de comprendre ses réactions émotionnelles, non-dits ou mensonges, à travers sa gestuelle ». Les « micro-mouvements » de son visage et de ses mains peuvent aussi être analysés.

La police ne sait pas encore précisément combien de fonctionnaires seront ensuite formés, ni dans quels départements ils seront affectés.

Cette méthode d'analyse est déjà en place au Canada où Philippe Turchet aide les policiers à repérer les mensonges durant les interrogatoires. Il forme maintenant directement des enquêteurs à la synergologie.

de recentrer, reformuler ce que vous venez de lui exposer.

La synergologie est un très vaste domaine et je vais, dans les chapitres suivants, vous donner quelques clés que vous pourrez aisément utiliser.

Identifier les gestes parasites

On peut dire qu'il y a deux grandes catégories de gestes : les gestes d'argumentation, qui renforcent et viennent en appui de votre discours, et les gestes parasites, sans rapport avec le discours (manipuler un objet, ses cheveux, se gratter...). Les entretiens d'embauche sont souvent des moments très stressants et c'est précisément dans des situations de stress qu'apparaissent le plus fréquemment les gestes parasites.

Qu'est-ce qu'un geste parasite ?

Il s'agit de micro-mouvements, des micro-gestes ou des micro-démangeaisons qui n'ont aucun rapport avec votre discours et qui viennent, comme leur nom l'indique, « parasiter » votre discours, empêcher de faire passer votre message.

Ils donnent des informations sur vos émotions, votre anxiété, votre agressivité, vos peurs...

Lorsque les informations que vous exprimez sont en désaccord, en contradiction avec votre ressenti intérieur, des micro-gestes ou des micro-démangeaisons peuvent apparaître sur certaines parties de votre corps. C'est ce que l'on peut appeler des « fuites verbales », comme si votre corps voulait prendre le dessus en exprimant réellement ce que vous pensez.

Votre corps parle à votre insu. Il dit naturellement tout haut ce que l'esprit pense tout bas. Le langage du corps est en grande partie inconscient, mais une jambe qui se balance, un regard fuyant, la tête inclinée en disent parfois bien plus que les mots.

De plus en plus
de recruteurs
savent interpréter
les gestes parasites.

Les gestes parasites et les recruteurs

De plus en plus de recruteurs savent très bien reconnaître les gestes parasites. L'enquête que j'ai effectuée en 2012 auprès de personnes recrutant des collaborateurs pour leur propre compte ou pour des entreprises a démontré que **92 % des recruteurs savent au moins partiellement identifier les gestes parasites** (64 % des recruteurs interrogés connaissent quelques gestes parasites et 28 % les connaissent très bien).

SAVEZ-VOUS IDENTIFIER LES GESTES PARASITES DES CANDIDATS (GESTES DE MENSONGE, D'IMPATIENCE, DE STRESS) ?

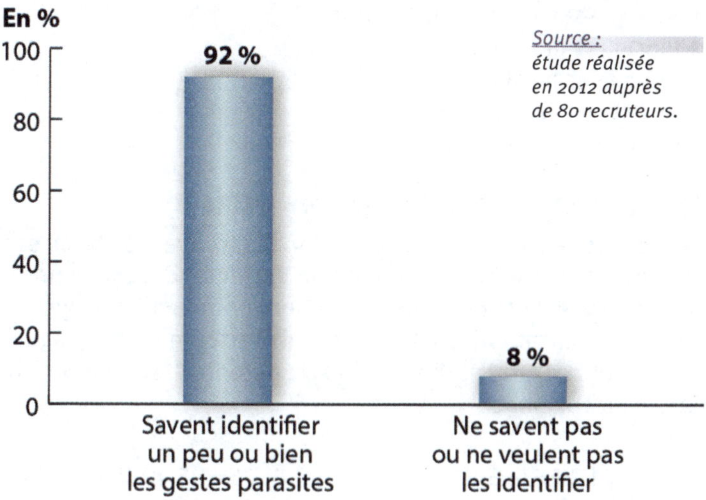

À SAVOIR

ATTENTION AUX PIEDS REMUANTS

Les joueurs de poker apprennent à maîtriser leurs émotions sur le haut du corps, mais beaucoup plus rarement sur le bas du corps. Or, on peut déceler des émotions très intéressantes grâce aux mouvements des pieds et des jambes, par exemple des émotions positives. Les joueurs de poker professionnels parlent des *happy feet* (« pieds remuants ») qui trahissent une bonne main de leur adversaire. En fait, c'est au niveau des jambes et des pieds que la « fuite » est la plus susceptible de se produire.

Quelques exemples de gestes parasites

Ils sont nombreux et très variés. En voici quelques-uns :

- Toucher ses cheveux.
- Jouer avec son alliance.
- Faire craquer ses doigts.
- Se gratter le nez.
- Se caresser l'épaule.
- Se frotter les mains.
- Se caresser le menton, la barbe.
- Pincer, se mordre les lèvres.
- Jouer avec un stylo, un objet.
- Ajuster ses vêtements.
- Gesticuler sur sa chaise...

Quand apparaissent les gestes parasites ?

Une étude récente a démontré qu'on les trouve **à 61 % en cas de stress** contre 39 % lorsque l'on est détendu. Elle a porté sur l'analyse de l'impact du stress sur la production de gestes parasites. La situation de stress était l'attente d'un voyageur à l'aéroport d'Orly et la situation de détente était le repos au jardin du Luxembourg à Paris.

LES 11 GESTES PARASITES LES PLUS FRÉQUENTS EXPRIMANT L'ANXIÉTÉ ONT AINSI ÉTÉ IDENTIFIÉS :

1. Gestes des mains.
2. Toucher ses cheveux.
3. Mouvements de la bouche.
4. Soupirs.
5. Gestes des bras.
6. Regarder sa montre.
7. Manipuler un objet.
8. Ajuster ses vêtements.
9. Mouvement du corps.
10. Changer de place.
11. Taper du pied.

Pour info

Les grattages ou micro-démangeaisons

C'est souvent au moment où une difficulté apparaît que nous avons des envies de nous gratter : des démangeaisons sur le bras, dans le dos, sur le visage.

Si le recruteur vous demande si tout va bien et que vous vous grattez compulsivement, cela ne passera pas inaperçu. Les neurones chauffent et vous titillent la peau dans les instants cruciaux.

Durant l'étude, 570 gestes parasites ont été observés, dont 347 (61 %) en situation de stress contre 223 (39 %) en situation de détente. L'impact de la nervosité sur la production de gestes parasites est donc ainsi démontré.
Il est donc normal que, durant les entretiens de recrutement – moment où vous ressentez souvent du stress –, ces gestes apparaissent. La solution serait donc, entre autres, de maîtriser votre stress, comme nous l'avons vu dans le chapitre 3.

Comment interpréter ces gestes ?

Un geste isolé n'a pas vraiment de signification : il faut le comprendre dans une chaîne logique de signes, de mots et en fonction du contexte.
Selon l'avis de synergologues (qui étudient le langage du corps et le langage non verbal), un geste doit toujours être interprété en le comparant aux paroles de l'interlocuteur. **Il faut regarder la gestuelle de façon globale.** Ainsi, l'observation du langage non verbal se fait toujours du plus général au plus particulier.

PETITE REVUE DES GESTES PARASITES

Comme on l'a vu, on trouve les gestes parasites essentiellement dans des situations de stress. Il s'agit de gestes qui n'ont aucun rapport avec le discours, qui viennent perturber la délivrance de votre message.
Ils révèlent à votre interlocuteur des informations précises sur votre état d'esprit.

Les gestes du stress

Chez chaque personne en situation de stress, on retrouve une série de gestes qui se répètent de manière régulière. Parmi les plus fréquents :
- Se mordiller les lèvres.
- Se tenir les tempes.

- Tapoter les doigts sur la table.
- Glisser ses doigts
dans le col de sa chemise.

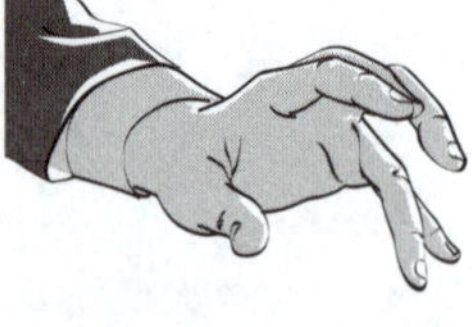

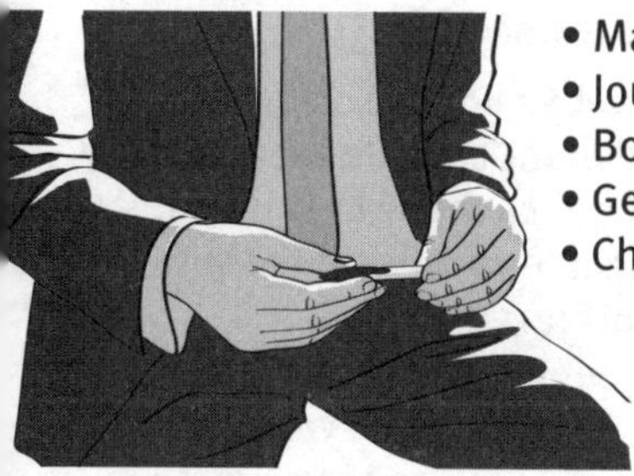

- Manipuler ou jouer avec un objet.
- Jouer avec son alliance.
- Bouger ses pieds.
- Gesticuler sur sa chaise.
- Changer de place sur sa chaise...

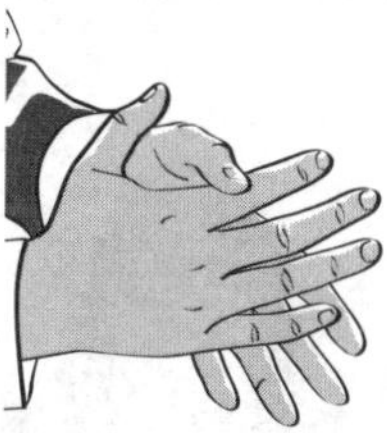

Les gestes d'auto-contact, ou micro-caresses

Quand nous ressentons des difficultés, quand nous nous sentons en danger, notre premier réflexe est de nous protéger. **Ces micro-caresses que l'on se fait à soi-même aident à se sentir bien, à se détendre, à se protéger.** Elles se situent sur tout le corps : on se frotte les mains (non pas en signe de victoire, mais juste pour se rassurer car on se sent mal à l'aise), on se caresse les épaules, les bras, les cuisses.

Les gestes caractéristiques du mensonge

Se toucher le nez, mettre la main devant sa bouche... sont des gestes couramment identifiés comme étant ceux du menteur. Et, de manière générale, les gestes qui cachent la bouche. (Bill Clinton devant le Congrès, pendant le procès de l'affaire Monica Lewinsky, s'est ainsi gratté trois fois le nez...).
Les manifestations du mensonge seraient visibles grâce à l'IRM (Imagerie par résonance magnétique), qui permet de visualiser les zones du cerveau en activité. Mentir ou dire la vérité ne mobilisent pas les mêmes zones et l'activité cérébrale est plus intense quand on tente de cacher la vérité.

En outre, lorsqu'une personne ment, elle a du mal à vous regarder droit dans les yeux. Habituellement, on cligne des yeux une vingtaine de fois par minute et chaque mouvement de paupière dure un quart de seconde. Lorsqu'on pose une question à une personne, si elle se met à battre des paupières juste avant de répondre, cela signifie que la question l'inquiète... et peut-être aussi qu'elle va mentir.
Un autre moyen d'identifier le mensonge selon la PNL (programmation neurolinguistique) serait le regard.
Lorsque l'on vous pose une question qui fait appel à votre mémoire et qu'avant même de répondre ou en répondant vous regardez en haut et à gauche, cela sera interprété comme le fait que vous recherchez effectivement une information dans votre mémoire.

Par contre, si vous regardez en haut et à droite, votre interlocuteur pourra en déduire que vous construisez un mensonge puisque vous allez, dans ce cas, faire appel à votre cerveau droit qui est le siège de l'imagination.

Les gestes du rejet et du doute

D'autres types de micro-démangeaisons peuvent également indiquer clairement une hésitation, une prise de décision difficile ou un doute.

Si votre interlocuteur se frotte le menton de gauche à droite puis de droite à gauche, il est sceptique. Il a peut-être besoin d'en savoir plus pour se faire un avis. À vous de jouer.

Le rejet pourra se manifester par le fait de passer le doigt sous son nez de droite à gauche et de gauche à droite. La personne n'est peut-être pas d'accord avec ce qu'elle entend. Méfiance donc si votre interlocuteur ou vous-même dites être en accord avec les propos énoncés tout en effectuant ce geste. C'est donc du geste qu'il faudra tenir compte plutôt que de la parole énoncée.

Les gestes de désintérêt

Une position avachie, une main soutenant le visage, tourner un stylo entre ses doigts en regardant ailleurs, s'enrouler une mèche des cheveux autour du doigt... sont des signes révélateurs de l'ennui. Si votre interlocuteur montre l'un de ces signes, à vous de recadrer votre discours, de modifier votre débit de parole, de changer de sujet... sous

Pourquoi,
lorsque vous abordez une
cessation d'activité
dans votre parcours
professionnel,
avez-vous
tendance à vous
recroqueviller
sur votre chaise ?

peine de perdre totalement son écoute.

En ce qui vous concerne, sauf si c'est volontaire de votre part, prenez garde de ne pas montrer ces signes d'ennui au recruteur.

Les gestes de l'impatience

Cela a été précédemment dit : lorsque vous êtes convoqué à un entretien, vous devez vous être organisé de sorte que vous ne soyez pas pressé par le temps.

Si vous êtes en retard, vous risquez de bouger nerveusement sur votre chaise, d'être assis sur le bord de la chaise, de mettre vos pieds à la verticale contre les pieds de la chaise, **de croiser ou décroiser les jambes,** de vous agiter sur votre siège ou de regarder l'heure. Ce sont clairement des signes d'impatience, voire d'irrespect et le recruteur ne manquera pas de les remarquer.

Les gestes défensifs ou de protection

Lorsque vous ou le recruteur êtes confrontés à des questions délicates, des gestes défensifs ou de protection peuvent se manifester. Un candidat assis les bras croisés est sur la défensive et ne montre pas son envie de communiquer.

Un entretien est un moment d'échange et vous devez impérativement éviter d'avoir les bras croisés de bout en bout.

Le fait de se masser la nuque est également une façon de se protéger contre les attaques éventuelles d'un adversaire.

Autre geste de protection : le corps en arrière, en retrait.

Physiquement, votre interlocuteur se retire de la conversation. Si ce mouvement fait suite à l'un de vos propos, ce n'est pas très bon signe. Il est dubitatif, peut-être en désaccord avec vous. Il peut également avoir besoin de réfléchir à ce que vous venez de dire pour pouvoir argumenter. Impression confirmée si, de plus, il croise ses jambes et fait « barrage » avec sa jambe à angle droit. Dans une position face à face, on peut croiser les jambes (ce que font fréquemment les femmes, surtout si elles sont en jupe), mais le pied relevé doit être dirigé vers l'interlocuteur

Quel est l'intérêt de connaître les gestes parasites ?

Votre gestuelle peut souvent vous trahir et il est intéressant de connaître ces gestes parasites, puis de les repérer dans votre comportement. Il sera alors possible de les maîtriser afin d'optimiser votre communication dans des situations professionnelles, mais aussi personnelles. La connaissance du langage du corps permettra également de mieux comprendre votre interlocuteur, et donc de mieux vous adapter.

Ne pas être trahi par sa gestuelle

Les occasions d'être trahi par votre gestuelle sont nombreuses, et c'est pour cette raison qu'il est important de connaître ces gestes pour tenter de les maîtriser s'ils viennent parasiter le message que vous souhaitez délivrer.

Il n'est pas question de supprimer tous ces gestes au point de ne plus être naturel : il faut simplement tenter de les orienter pour qu'ils viennent appuyer votre discours et non le contredire.

Identifier vos gestes parasites

Un grand nombre de gestes parasites ont été décrits dans les pages précédentes. Avez-vous repéré les vôtres ? Il est fort probable que non ou, du moins, que vous ne les ayez identifiés qu'en partie. En effet, ces gestes sont souvent involontaires. **La meilleure formule est donc de vous enregistrer avec un caméscope (entraînez-vous avec des amis),** puis de visionner la séquence, si possible avec d'autres personnes qui pourront vous aider à détecter vos gestes parasites.

Interpréter pour comprendre

Il est certes intéressant de les détecter, mais surtout de les analyser.
Pourquoi, lorsque vous abordez une cessation d'activité dans votre parcours professionnel, avez-vous tendance à vous recroqueviller sur votre chaise ?
Pourquoi, lorsque vous abordez votre ancien salaire, vous reculez-vous sur votre chaise ? Pourquoi votre regard devient-il fuyant quand votre interlocuteur vous demande vos plus belles réalisations ?...
Analyser les raisons de ces attitudes vous permettra de comprendre ce qui ne va pas. Vous aurez sans doute besoin de revoir votre argumentaire, de vous rassurer, d'assumer, de prendre confiance en vous... Ce travail pourra être fait seul ou avec un coach.

Interpréter pour réagir

Comme nous venons de le voir, ces gestes sont intéressants à analyser pour vous-même, mais également pour décoder le comportement du recruteur. Par exemple, pourquoi a-t-il subitement croisé les bras et s'est-il reculé sur sa chaise quand vous avez évoqué un arrêt de votre activité pour reprendre vos études ? Il semble qu'il y ait un blocage de sa part. Ce que vous venez de lui dire ne lui convient pas, lui pose problème.

POUR INFO

Avec les bases de cet ouvrage, vous pourrez aisément reconnaître chez le recruteur un mouvement de recul, un doute, le fait qu'il s'ennuie, qu'il se désintéresse de votre discours. Vous pourrez alors recadrer votre discours, argumenter, expliquer... et regagner sa confiance.

Les solutions

Soit vous lui posez directement la question : « Ce que je viens de vous dire semble vous contrarier, souhaitez-vous que je fournisse un complément d'informations ? », soit vous argumentez davantage : « En effet, mon métier étant en perte de vitesse, j'ai fait le choix très mûri d'une reconversion professionnelle dans un métier que j'avais déjà abordé, pour lequel j'avais déjà un peu de connaissances. J'ai souhaité obtenir un diplôme pour valider mes connaissances »...
Attention, il n'est pas question de vous embarquer dans des explications non préparées, sous peine de vous enfoncer encore plus aux yeux de votre interlocuteur.

Pouvons-nous contrôler nos gestes parasites ?

Vous ne pouvez pas maîtriser tous vos gestes parasites. Le faire reviendrait à vous comporter comme un robot. Néanmoins, le fait de prendre conscience qu'ils sont présents et à quel moment ils interviennent permet de mieux vous comprendre.

Les gestes parasites expriment un état d'esprit

Dans votre vie privée et professionnelle, vous êtes parfois obligé de mentir, d'omettre de dire certaines choses pour ne pas vous nuire ou nuire à votre interlocuteur. **Sachez que, plus votre dis-**

cours sera éloigné de ce que vous ressentez vraiment, plus ces gestes parasites risquent d'apparaître. Les détecter, les analyser permet de renouer avec vos émotions profondes.

Limiter les gestes parasites et utiliser les gestes d'argumentation

Tous vos gestes parasites ne sont pas une fatalité. Soit vous ne les connaissez pas, vous n'avez pas conscience de les produire ; soit vous vous êtes habitué à tous ces gestes, tous ces mouvements que vous faites et vous pensez qu'ils sont inhérents à votre personnalité. Or, vous pouvez travailler votre gestuelle et les modifier.

Analysez-les pour comprendre pourquoi ils interviennent, travaillez sur la problématique enfouie (non-acceptation d'une longue période de chômage, perte de confiance en soi suite à un licenciement...).

Il faudra les remplacer par une gestuelle en support, en argumentation de votre discours. Cela permettra de lui donner plus de valeur. Si vous annoncez, par exemple, que vous avez contribué à augmenter le chiffre d'affaires de votre précédente entreprise, mimez cette augmentation de la main.

Cultiver votre assertivité

L'assertivité est la capacité à être pleinement soi-même, à dire ce que l'on pense, ce que l'on ressent, ce que l'on veut et aussi ce que l'on refuse. C'est s'affirmer tout en respectant l'autre. Cela vous permettra de diminuer votre stress, de ne pas en induire chez votre interlocuteur et d'augmenter l'efficacité dans la plupart des situations d'entretien.

Il est primordial de savoir ce que vous voulez, mais aussi ce que vous ne voulez pas et de savoir l'exprimer pour éviter les frustrations immédiates ou futures.

Certaines personnes pensent que dire la vérité peut blesser ou ne pas plaire. Sachez qu'on ne peut pas plaire à tout le monde et qu'il est avant tout capital que vous soyez en accord avec vous-même.

Les gestes positifs

Contrairement aux gestes parasites qui polluent votre message et révèlent votre stress, votre malaise, votre anxiété... les gestes positifs fluidifient l'échange, accompagnent ou renforcent votre communication verbale et aident vos interlocuteurs à suivre vos raisonnements.

Les gestes illustrateurs

Ce sont des gestes qui viennent en appui de votre discours. Ils vont souligner votre message et permettre une meilleure compréhension. Ils sont à utiliser juste quand cela est nécessaire et non à chaque phrase.

On distingue parmi ces gestes :

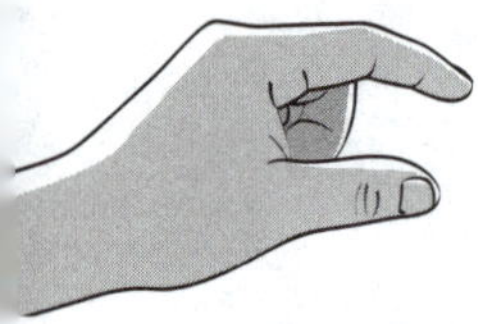

Les gestes quantitatifs

Ils permettent d'indiquer des grandeurs, des dimensions.

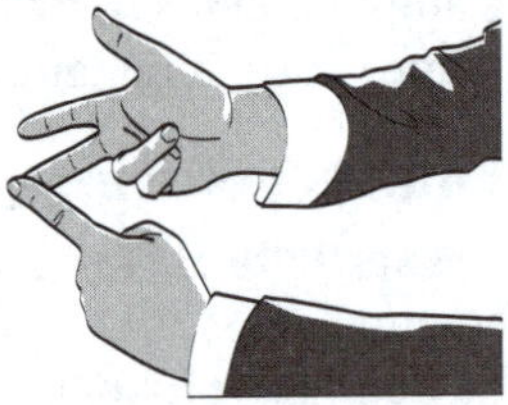

Les compteurs

L'interlocuteur s'appuie sur eux pour marquer un certain ordre.

Les pointeurs

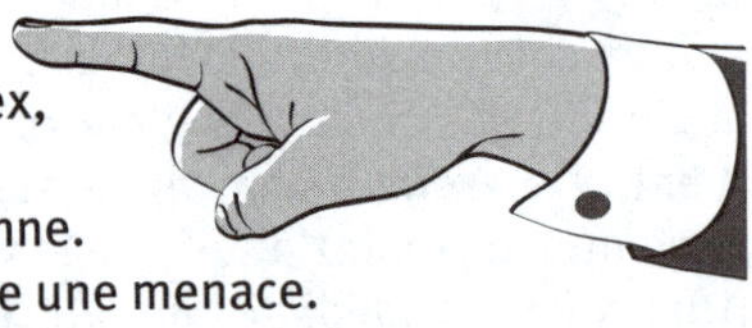

Le doigt, généralement l'index, montre une direction. Il vise un point précis ou une personne. Parfois, l'index s'agite comme une menace.

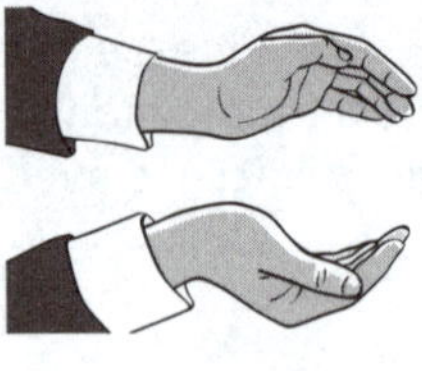

Les pictographes

La personne dessine dans l'air les objets dont il parle.

Les kinétographes

Le corps entier est en mouvement, l'interlocuteur vit les mots. Ce sont les gestes faits par le corps ou une partie du corps et qui jouent l'action racontée.
Exemple : une personne dit : « Elle a pris son téléphone » et elle mime cette action.

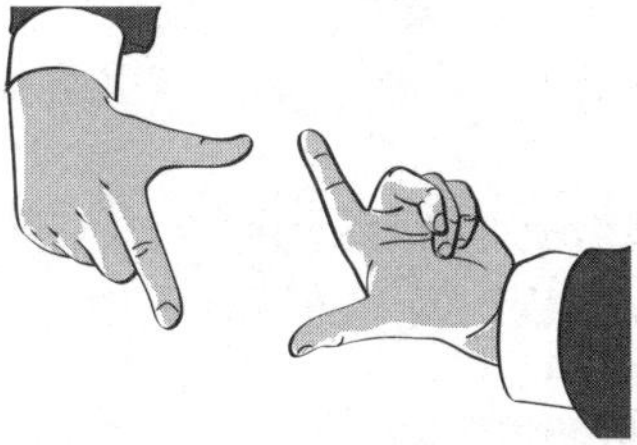

Les idéographes

L'interlocuteur décrit dans l'air des concepts, des symboles et des abstractions (un cercle = une entité...).

Les gestes ouverts

Eux aussi accompagnent votre message et soulignent certains points. **Ce sont des gestes de partage et d'engagement, tournés vers les autres.** Préférez les gestes larges, hauts, francs et calmes. Ils démontreront votre accessibilité, votre ouverture, votre sérénité.

Les gestes caractéristiques de la confiance en soi

• Un regard direct dans les yeux, une poignée de main ferme, un sourire franc et sincère.

• Une démarche décidée, le buste droit, une posture avec les épaules dégagées.

Les gestes caractéristiques de l'intérêt, d'une grande attention

• Posture du corps en avant.
• Tête penchée vers l'interlocuteur.
• Pupilles dilatées, clignement des paupières.

EN CONCLUSION

- Utiliser la gestuelle en appui de votre discours vous permettra d'éviter les gestes parasites d'une part et d'étayer votre discours d'autre part. Employée à bon escient, elle viendra renforcer certains des éléments que vous énoncez.
- Une gestuelle ouverte, un bon maintien de votre corps, un sourire sincère, un regard direct et franc inspireront non seulement confiance à votre interlocuteur, mais vous apporteront **assurance et bien-être.**

6. Le visage

Votre visage est un excellent indicateur de votre état d'esprit, de votre motivation. C'est la première chose que le recruteur verra de vous. Il pourra y lire de très nombreuses informations, l'observera lorsque vous parlerez, mais aussi lorsque vous écouterez. Il analysera vos regards, notamment pour savoir s'ils sont en accord avec votre discours.
L'homme serait capable d'exprimer de très nombreuses expressions faciales (certains parlent de milliers) grâce à ses quarante-trois muscles faciaux. Expressions pas toujours volontaires ni maîtrisables.
Le visage est révélateur de votre état d'esprit. Un visage tendu, fermé, stressé est non seulement peu attirant, mais pourrait dénoter un malaise, un mal-être. Il est à lui seul un moyen d'expression. Votre regard comme votre voix seront également des indicateurs très précieux. Très précieux pour le recruteur, ils pourront le devenir pour vous.

MINI SOMMAIRE

- Les expressions faciales
- La voix et ses intonations
- Le regard et le sourire : les indispensables

Les expressions faciales

Elles expriment votre état d'esprit, vos émotions. Le recruteur pourra y déceler le mépris, la satisfaction, la joie, la surprise... et bien d'autres choses encore. Si elles ne sont pas en accord avec votre discours, ce sont souvent elles qui feront foi.

Étude des expressions faciales

L'intérêt pour l'étude des expressions faciales date du XIXe siècle. Néanmoins, ce n'est qu'à la fin du XIXe siècle que de nouvelles recherches de Paul Ekman ont approfondi les résultats. Paul Ekman, psychologue américain, a travaillé pendant des années sur les expressions faciales culturelles et émotionnelles.
Grâce à ses études, il a corroboré ce que Darwin avait déjà démontré en 1872 dans *l'Expression des émotions chez l'homme et les animaux* : les expressions du visage ne sont pas culturelles, mais universelles.
Elles seraient identiques, c'est-à-dire que certaines émotions déclencheraient les mêmes mouvements faciaux quels que soient le pays ou la culture. **Paul Ekman a ainsi recensé six émotions de base : la joie, le dégoût, la tristesse, la peur, la colère, la surprise.** Il en a ajouté d'autres en 1990 (l'amusement, le mépris, la satisfaction, la gêne, l'excitation, la culpabilité, la fierté dans la réussite, le soulagement, le plaisir sensoriel et la honte).

Déceler le mensonge grâce aux expressions du visage

Paul Ekman a beaucoup travaillé sur les micro-expressions du visage caractéristiques du mensonge. Selon lui, lorsqu'une personne ment, elle émet des signes non verbaux particuliers. Signes qui ne se limitent d'ailleurs pas seulement au visage, mais intéressant l'ensemble du corps.
Concernant le visage, il a repris les travaux de Duchenne de Boulogne qui avait démontré que les sourires volontaires (ou

VÉCU

BILL CLINTON A-T-IL MENTI ?

Les synergologues se sont penchés sur l'interview de Bill Clinton suite à l'accusation portée contre lui d'avoir eu des relations sexuelles avec Monica Lewinski. Il semble qu'il ait montré plusieurs signes caractéristiques du mensonge :

• Il s'est gratté le nez à gauche (le côté qui correspond au siège de la conscience de soi est situé dans l'hémisphère droit).

• Son débit de parole était lent.

• Il a utilisé l'expression *this woman* (« cette femme ») au lieu de prononcer son nom, or la distanciation est signe de mensonge.

• Tandis qu'il disait qu'il n'avait eu aucune relation sexuelle avec Monica Lewinski en le martelant avec son doigt, il a fait oui de la tête, contredisant ainsi son discours.

faux sourires) se différenciaient des sourires exprimant une joie sincère par l'immobilité des muscles autour des yeux.
Les travaux de Paul Ekman sur la détection du mensonge et la communication non verbale ont conduit à la réalisation de la série américaine *Lie to me*, dont il fut le conseiller scientifique.
De son côté, Philippe Turchet, fondateur de la synergologie, a déterminé un catalogue de 1 700 items correspondant à des signes repérables et à des non-congruences du corps permettant de conclure au mensonge.
Très peu de personnes savent détecter les micro-expressions (qui durent entre un seizième et une demi-seconde), mais les recruteurs peuvent les ressentir inconsciemment.

Cohérence avec le message délivré

Nous l'avons vu dans le chapitre 4, il est primordial qu'il y ait une **cohérence entre les 3 V (visuel, vocal et verbal).**
Les expressions que vous montrez sont le reflet de ce que vous ressentez et doivent être en accord avec ce que vous dites. Si

c'est le cas, elles viennent renforcer votre message. Dans le cas contraire, elles peuvent le contredire, le modifier, changer sa signification.

Vous pourrez aussi tester cette cohérence sur votre interlocuteur

S'il vous dit en baissant les yeux, en se grattant le nez et en dodelinant de la tête de gauche à droite (pour dire non) qu'il vous recontactera pour un autre entretien, il y a de fortes chances pour que ce ne soit pas le cas.
Entraînez-vous à essayer de décoder le comportement non verbal de vos proches. Leur sourire est-il un vrai sourire (avec les muscles plissés autour des yeux) ? Ont-ils l'air triste, en colère ? Ressentez-vous un décalage entre ce qu'ils vous disent et ce que leur corps exprime ?...

Quelques conseils pour enlever le « masque » du stress, de la pression

Juste avant votre entretien, vous êtes prêt, vous avez révisé, vous êtes concentré. Hélas, cette concentration peut vous donner un air sévère, un air tendu et cela ne jouera pas en votre faveur.
Quelques minutes avant de pénétrer dans l'entreprise, faites bouger votre visage par le biais de mimiques (par exemple, prononcez les voyelles de l'alphabet en exagérant les ouvertures de la bouche), faites des grimaces, des sourires forcés, faites bouger votre nez, vos yeux, de façon à dérider votre visage, à lui ôter cette expression figée.

En résumé

Comme le visage exprime clairement votre état d'esprit, **faites en sorte d'être serein,** de vous détendre et d'envisager l'entretien comme un moment agréable.

Votre sourire sera un bon allié, car il donnera l'image d'une personne motivée, de bonne humeur et enthousiaste.

Le recruteur rencontre parfois de nombreux candidats dans une journée. **Pensez à lui rendre l'écoute agréable et confortable.** Qu'il n'ait nullement besoin de forcer l'écoute.

Lorsqu'une personne **ment**, elle émet **des signes non verbaux** particuliers.

La voix et ses intonations

Comme les expressions faciales, le paraverbal est une composante essentielle dans l'expression des émotions.
Les recruteurs parlent de candidats qui ont des voix qui ne portent pas assez, qui parlent trop vite, qui mâchent leurs mots, qui ne savent pas souligner les points importants... Tout un art qui se travaille.

Le paraverbal, composante du langage non verbal

Le paraverbal correspond à tout ce qui est relatif à la voix : le ton, l'intonation, le timbre, la prosodie (rythmique), les pauses. Les études d'Albert Mehrabian ont démontré qu'en situation de communication, **le visuel correspond à 55 % de la communication, le vocal à 38 % et le verbal à 7 %**. C'est dire l'importance du vocal dans un échange.

Maîtriser votre souffle

Nous utilisons principalement deux types de respiration : thoracique ou abdominale (ou ventrale).

La respiration thoracique

Elle est peu profonde, rapide et se sert de muscles très sensibles aux effets du stress. Elle stimule le système nerveux sympathique (ou orthosympathique) qui, à la longue, peut faire apparaître un certain nombre d'inconvénients sur le plan physique : extrémités froides, constipation, tachycardie...

La respiration abdominale

Cette respiration est, quant à elle, naturellement plus lente et plus profonde. Les poumons sont mieux remplis et mieux vidés. Elle contribue donc à une meilleure oxygénation du sang.
Vous pouvez consulter divers ouvrages de relaxation pour apprendre la respiration abdominale. Vous prendrez conscience qu'elle vous aidera aussi à gérer votre stress.

VÉCU

Inaudible !

Lors d'un forum sur l'emploi, une jeune femme vient me voir et me dit, avec une petite voix toute fluette et très basse : « La taille d'une personne peut-elle avoir une influence sur la décision d'embauche ? » Après lui avoir fait répéter deux fois et m'être approchée d'elle, je lui rétorque que la taille n'a pas forcément d'impact (sauf si cela est un prérequis, par exemple pour être hôtesse de l'air), mais par contre, l'intensité de sa voix pourrait lui poser problème.

C'est cette respiration abdominale que vous devez utiliser pour maîtriser votre souffle et mieux vous exprimer. Tous les exercices seront donc réalisés avec cette dernière.

Travailler votre voix pour l'entretien

Votre voix va influencer considérablement la manière dont votre message sera perçu. Elle est composée de différents paramètres que vous pouvez améliorer.

Son intensité

De façon naturelle, parlez-vous plutôt doucement ou fort ? Avez-vous l'habitude que l'on vous fasse répéter ce que vous venez de dire ? S'approche-t-on de vous lorsque vous parlez ? Vous dit-on souvent que vous parlez trop fort ?

Entraînez-vous à parler avec une voix d'adulte suffisamment audible sans que votre interlocuteur soit obligé de se rapprocher, de vous faire répéter ou, au contraire, de s'éloigner. Une voix trop forte est également perçue de façon négative. Il faut adapter l'intensité de votre voix, la placer de telle sorte que cela soit confortable pour vous et audible pour votre interlocuteur.

Sa vitesse

Vous êtes souvent très stressé, vous avez envie que l'entretien se termine au plus vite et cela s'exprime souvent par un débit de parole très rapide, trop rapide. Vous êtes donc incapable de

reprendre votre respiration, vous alignez des phrases sans les terminer... autant de signes qui montrent votre anxiété.
Jean Sommer, coach vocal, donne comme exercice de diction très efficace pour y remédier l'exercice suivant : prononcez calmement la phrase : **« Je veux et j'exige d'exquises excuses », avec toutes ses liaisons.** Dire cette phrase plusieurs fois avant l'entretien pour vous mettre en condition de parler distinctement. Pour ralentir, il faut se poser à l'intérieur, maîtriser son stress. À l'inverse, vous pouvez parler trop lentement. Cela ne vous est pas plus favorable, car vous serez immanquablement jugé comme quelqu'un de lent.

Sa modulation, sa tonalité

Moduler sa voix, c'est changer de rythme, de mélodie, varier les hauteurs de ton. La modulation vocale est un excellent moyen pour maintenir l'intérêt de votre interlocuteur. En effet, une voix monocorde sera d'un ennui sans pareil et le recruteur ne retiendra rien de votre discours. Rien ne sera souligné, rien ne sera important. C'est souvent le reproche que font les recruteurs aux candidats.
Exercez-vous avec n'importe quel texte ou même en racontant une histoire à vos enfants. Mettez le ton, accentuez volontairement certains mots. Vous verrez que votre auditoire est bien plus captivé. Utilisez aussi les silences qui permettront de varier le rythme, de captiver votre interlocuteur. Écoutez les discours des hommes politiques : vous constaterez qu'ils changent de rythme, de hauteur de ton, qu'ils utilisent les silences.
Le ton traduit également vos émotions. Grâce ou à cause de lui, on saura si vous êtes serein, anxieux, intéressé, pressé...

Son articulation

Encore un défaut mentionné par les recruteurs. Souvent, à cause du stress, vous avez tendance à serrer les dents. Or, en serrant les dents, on articule moins bien. Articuler, c'est apprendre à détacher et à enchaîner correctement les sons. Pour se corriger, il faut s'entraîner à lire à haute voix en améliorant les mouvements des lèvres, de la langue et des mâchoires. Travaillez votre voix avec des virelangues.

Exemples de virelangues

- **Les chaussettes de l'archiduchesse sont-elles sèches ou archi-sèches ?**
- **Ces saucissons-ci sont si secs qu'on ne sait si c'en sont !**
- **La vache mâche sans relâche dans le champ où le chien niche tout en léchant son chiot naissant.**
- **Vous pouvez aussi reprendre l'exercice de Jean Sommer (« Je veux et j'exige d'exquises excuses »).**
- **N'hésitez pas aussi à mettre un stylo dans votre bouche, serrez les dents et parlez. Cela vous obligera à articuler.**

TROUVER LA BONNE VOIX

Type de voix	Interprétation sur l'état d'esprit ou le caractère
À éviter	
Parler tout bas, voix peu audible	Insécurité, manque d'assurance, de confiance en soi, peur de communiquer
Parler très fort, voix criarde	Arrogance, prétention, besoin de s'imposer
Voix forcée	Fragilité (cela peut également être dû à un problème physiologique)
Parler trop vite	Manque d'assurance, nervosité, volonté de fuir
Parler très lentement	Manque de dynamisme, insécurité
Parler de façon monotone	Malaise avec son corps
Marmonner de manière peu compréhensible	Insécurité, manque d'assurance
Préférer	
Parler d'une voix ni trop forte ni trop faible	Sécurité
Parler distinctement, de manière très claire et compréhensible	Intérêt pour les échanges, équilibre

Les masques de la voix

Jean Sommer pense que beaucoup de gens adoptent une voix qui n'est pas la leur. Conditionnées par leur enfance, par la société, certaines personnes ne sont pas « dans leur voix ».
Il y a la personne qui ne se sent pas vraiment à l'aise, qui est timide, réservée. Ce qu'elle a à dire ne sort pas complètement et pas comme elle le voudrait.
Vous pouvez aussi prendre conscience que vous avez un masque révélé par le miroir social. Les personnes vous font répéter, se sentent agressées par votre voix... un décalage existe entre ce que vous voulez dire et la façon dont vous le dites.
Et enfin, votre voix peut changer en fonction de vos interlocuteurs : les commerçants, votre patron, votre conjoint, vos amis...

Les coachs vocaux (voir le dernier chapitre) vous aideront à trouver votre voix et à optimiser son utilisation.

EN RÉSUMÉ

- **Comme le visage exprime clairement votre état d'esprit, faites en sorte d'être serein, de vous détendre et d'envisager l'entretien comme un moment agréable.**
- **Votre sourire sera un bon allié, car il donnera l'image d'une personne motivée, de bonne humeur et enthousiaste.**
- **Le recruteur rencontre parfois de nombreux candidats dans une journée. Pensez à lui rendre l'écoute agréable et confortable : ne parlez pas trop vite ni trop lentement, faites fluctuer votre rythme et articuler.**
- **La synchronisation est également un excellent moyen de capter l'attention du recruteur : il s'agit de vous calquer sur son mode de communication comme vous le verrez dans le chapitre suivant.**
- **Si vous avez besoin ou envie de travailler votre voix, rendez-vous au dernier chapitre de ce livre.**

LE REGARD ET LE SOURIRE : LES INDISPENSABLES

Le regard est ce qui est le plus expressif dans un visage. Il doit impérativement être présent durant toute la rencontre avec le recruteur. Ce dernier y sera très sensible et lire dans son regard vous sera fort utile. Le sourire est révélateur de votre bien-être, de votre motivation et de votre confiance en vous. Il est également très communicatif.

Le regard précède la parole

Les mouvements des yeux précèdent l'expression verbale de la pensée. Vous n'avez souvent pas besoin d'entendre ce qu'une personne a à vous dire pour savoir ce qu'elle pense.
À travers votre regard, vous allez pouvoir faire passer de nombreuses émotions qui appuieront vos propos. Vous allez pouvoir capter l'attention de l'interlocuteur, produire sur lui une forte impression, lui communiquer votre volonté.

Dans un regard on peut lire aussi l'étonnement, la peur, la tristesse, la colère... Vous devez donc être vigilant quant à l'adéquation entre votre regard et vos propos.

Lire dans les yeux

De même pour le recruteur. Vous pourrez lire dans son regard des indications très précises sur ce qu'il ressent, savoir s'il vous écoute avec attention ou non. Si, lorsque vous venez de lui annoncer quelque chose, il écarquille les yeux, lève les yeux au ciel, détourne le regard... il a probablement été dérangé par vos propos. Le regard doit être présent dès la poignée de main, mais aussi tout au long de l'entretien.

Cerveau gauche et cerveau droit

Notre cerveau est divisé en deux hémisphères : l'hémisphère gauche et l'hémisphère droit.

Le cerveau gauche

C'est le centre de la logique, de l'analyse, des mathématiques et du langage. **Le cerveau gauche va nous servir à créer, élaborer, inventer.**

Le cerveau droit

Il est analogique, empirique, intuitif et est le siège de la communication non verbale, de la mémoire, de l'imagination et du traitement de l'image. **Le cerveau droit est celui dont nous nous servons lorsque nous utilisons notre mémoire,** lorsque nous faisons appel à des souvenirs. Selon que votre regard se portera à gauche ou à droite, il fera appel à l'un des deux cerveaux.

L'interprétation des regards en PNL

En PNL (programmation neurolinguistique), un regard tourné vers la gauche ou vers la droite a une signification. En effet, les mouvements des yeux précèdent l'expression verbale de la pensée.

- Si le recruteur vous demande : « Quel était le nom de votre première société ? », votre cerveau droit est en action (vous recherchez une information dans votre mémoire) et vous allez naturellement orienter votre regard en haut et à gauche.
- Si une personne a tendance à regarder vers la droite et vers le bas, elle recherche dans ses sentiments.
- Si les yeux vont vers la gauche et vers le bas, la personne se parle à elle-même.

Pour montrer
votre attention
au recruteur
et pour l'impliquer
dans l'échange,
vous devez
impérativement
le regarder
dans les yeux.

À savoir

Droitier, gaucher : cerveau inversé ?

Il est très difficile de trouver une information scientifique à ce sujet, aucun argument ne permettant d'affirmer si c'est vrai. Certains gauchers fonctionneraient comme les droitiers et d'autres non. Le moyen le plus sûr pour un recruteur de savoir si vous mentez est de vous poser une question qui vous oblige à accéder à un souvenir. Si vous regardez en haut et à gauche, vous fonctionnez comme un droitier ; si, par contre, vous regardez en haut et à droite, votre cerveau est inversé. Il aura alors une base pour savoir si vous lui dites la vérité ou non.

Gare aux mensonges en entretien !

Si le recruteur vous demande d'évoquer la façon dont vous avez pu augmenter le chiffre d'affaires de votre précédente entreprise (fait mentionné dans votre CV) et que vous regardez en haut et à droite, cela signifiera que vous allez peut-être mentir puisque, au lieu de faire appel à votre cerveau droit, donc à la recherche d'informations dans votre mémoire, vous faites appel à votre cerveau gauche pour inventer.
Si l'on vous demande d'expliquer comment vous pourriez faire évoluer le poste que l'on vous propose, votre cerveau gauche se mettra en action (vous allez imaginer le futur) et vous allez naturellement orienter votre regard en haut et à droite.

Attention, les recruteurs analysent vos regards !

Chaque regard possède une ou plusieurs significations. Il est à considérer et à analyser en fonction de la situation générale et de la gestuelle du corps. Cette analyse des regards vous sera fort utile pour comprendre ce que ressent le recruteur en votre présence.

• **Si votre regard est fuyant, il peut trahir une grande timidité** ou un **manque de sincérité** qui fera naître chez votre interlocuteur un certain sentiment de méfiance ou de malaise.

• Si **vous l'orientez constamment vers le sol,** il donne une impression de **passivité ou un état de soumission.**
• **Fixé au plafond,** il indique une phase de réflexion ou une inclination à la **rêverie.**

Comment « bien regarder » le recruteur ?

Pour montrer votre attention au recruteur et pour l'impliquer dans l'échange, vous devez impérativement le regarder dans les yeux.

Yeux dans les yeux

Plonger son regard dans celui de votre interlocuteur est non seulement un respect pour lui, mais permet aussi de lui montrer que vous êtes confiant, intéressé, ouvert.
Vous avez probablement déjà été en contact avec une personne qui ne vous regardait pas dans les yeux. Quelle sensation avez-

À savoir

QUELQUES REGARDS ASSEZ FACILES À INTERPRÉTER

- **Ouvrir subitement les yeux bien grands (yeux écarquillés) : étonnement.**
- **Ouvrir davantage un œil en soulevant le sourcil : étonnement et/ou désapprobation.**
- **Yeux plissés et front plissé : incompréhension.**
- **Yeux plissés, petits : méfiance, doute.**
- **Yeux plissés avec le sourire : joie sincère.**
- **Yeux qui se baladent et main dans les cheveux ou main tripotant un objet : ennui.**
- **Regard par en dessous : malaise, gêne, timidité, inquiétude.**
- **Regard vers le ciel et prise de respiration : exaspération.**
- **Regard fuyant (ne pas regarder dans les yeux) : timidité, gêne.**
- **Regard souvent tourné vers le haut : rêveur.**

vous ressenti ? Manque de respect, timidité, désintérêt, malaise, gêne... C'est donc exactement ce que le recruteur ressentira si vous avez ce comportement. Cela ne signifie pas pour autant qu'il faille le fixer sans relâche, au risque de l'indisposer.

Vous devrez donner du relief à vos propos à travers un échange subtil de regards

Il s'agit de donner un rythme au message verbal en appuyant certains mots par le contact visuel.
Si vous avez du mal à regarder votre interlocuteur dans les yeux, une méthode consiste à le fixer entre les deux yeux. Si, en plus, votre regard est souriant, il vous trouvera ouvert d'esprit, aimable, agréable.
Si plusieurs personnes sont présentes dans la salle, votre regard devra se porter sur chacune d'elle alternativement.
Il est important de les regarder quelques secondes et intensément et non de balayer votre regard à toute vitesse sur l'assemblée. Même si l'un d'entre eux ne semble pas porter attention à vos propos ou à votre présence, ne le négligez en aucun cas. Il est peut-être la personne la plus importante, celle qui prend les décisions.

À la fin de l'entretien

N'oubliez pas de bien regarder votre interlocuteur (ou bien un regard circulaire s'ils sont plusieurs). Ne baissez pas le regard vers le sol tant que vous êtes avec lui ou eux.

Le sourire dès la poignée de main

Gratifiez votre interlocuteur d'un beau sourire dès qu'il s'approche de vous. Vous lui montrez votre joie de le rencontrer, votre motivation, votre intérêt. Cela dénote également un comportement ouvert, montre que vous avez confiance en vous et que vous êtes bien dans votre peau.

Une énergie positive

Le sourire est communicatif et transmet une énergie positive. Et on ne sourit pas seulement avec la bouche, mais également

On ne sourit pas
seulement
avec sa bouche,
mais également
avec ses yeux.

avec ses yeux, le sourire doit être cohérent avec le mouvement des yeux. Entraînez-vous devant un miroir, il n'y a pas de secret. Sachez que le recruteur préférera collaborer avec des personnes sympathiques et rappelez-vous que **le sourire appelle le sourire.** Vous souriez et votre contact visuel est régulier : vous inspirez confiance et sérénité à votre interlocuteur.

ZOOM

STATISTIQUES

En juin 2011, une enquête a été réalisée par CareerBuilder auprès de plus de 100 chefs d'entreprises français réalisant des recrutements.

Les recruteurs ont décrit ainsi les manifestations physiques qui leur ont laissé la plus mauvaise impression lors d'entretiens d'embauche :

- **Le regard fuyant : 64 %.**
- **Une poignée de main molle : 60 %.**
- **Le manque de sourire : 48 %.**
- **L'incapacité à rester en place sur son siège : 41 %.**
- **Une mauvaise posture : 40 %.**
- **Le fait de manipuler un objet sur la table : 38 %.**
- **Le fait de jouer avec ses cheveux ou de se toucher le visage : 22 %.**
- **Le fait de rester bras croisés : 20 %.**
- **Une poignée de main trop ferme : 12 %.**

7. Soyez maître de l'entretien

Un entretien d'embauche n'est pas une discussion entre amis où vous allez pouvoir vous détendre et vous laisser aller, ce n'est pas non plus un combat de boxe où vous allez devoir affronter un adversaire, mais le moment où doit se vérifier l'adéquation entre vos compétences, votre personnalité et le poste proposé. Les recruteurs sont des êtres humains avec leur personnalité, leurs problèmes, leurs états d'âme. Vous ne devez pas vous laisser troubler, et si certains d'entre eux sont particulièrement bienveillants à votre égard, d'autres le sont moins.

Vous trouverez dans ce chapitre des pistes pour mieux cerner les différents types de recruteurs et la façon dont vous pouvez réagir pour ne pas vous laisser déstabiliser.

Afin de pouvoir mener à bien cette rencontre, il est important de savoir gérer la communication : quelles postures adopter et comment interpréter celles du recruteur, bien le regarder et l'écouter, apprendre à gérer et à utiliser les silences et enfin vous synchroniser avec lui pour fluidifier vos échanges.

MINI SOMMAIRE

- Comment réagir face aux différents comportements des recruteurs ?
- Travaillez votre confiance en vous
- Apprenez à décoder les postures
- L'importance du regard
- Écoute et empathie : les incontournables
- Savoir gérer les silences
- La synchronisation pour mieux entrer en contact avec votre interlocuteur

Comment réagir face aux différents comportements des recruteurs ?

Les candidats sont souvent impressionnés par les recruteurs. Certains jouent un rôle et d'autres sont seulement des êtres humains, avec leurs bons et leurs mauvais jours. Apprenez à les reconnaître pour savoir comment réagir.

Ne vous laissez pas impressionner

Quel que soit le comportement de la personne que vous avez en face de vous, il est important de faire preuve d'ouverture et de ne pas vous laisser impressionner. Vous êtes là pour lui montrer que vous êtes un vrai professionnel.

Le bon ou le mauvais sentiment que vous avez au sortir de l'entretien n'est pas forcément un bon indicateur.

Le recruteur sympathique

Il vous accueille chaleureusement, vous met à l'aise. Il écoute avec attention ce que vous lui dites, ne vous coupe pas la parole. Il est très compréhensif, répond à toutes vos questions, vous

sourit. Il évite généralement de vous contredire.
Votre échange est très décontracté, très fluide. Vous sortez de l'entretien ravi et ce n'est pourtant pas forcément gagné.

Premier cas de figure

Le recruteur est charmant de nature et cela ne veut pas dire que vous correspondez forcément à la personne qu'il attend. L'échange a été très agréable et non perturbant.

Second cas de figure

Le recruteur utilise cette technique pour susciter votre confiance, obtenir rapidement votre collaboration et/ou pour observer votre retenue.

Le bon comportement à adopter

Quel que soit le cas de figure, **restez très professionnel,** ne vous laissez pas aller.
Si votre interlocuteur met la main sur votre épaule en partant, contentez-vous de lui serrez la main normalement en lui souriant. Le recruteur n'est ni un ami ni un copain. Une trop grande décontraction vous serait de toute façon préjudiciable.
Que le résultat soit positif ou non, ce type d'entretien est évidemment celui qui est préféré par les candidats.

Le recruteur très bavard

Il parle, il parle et ne semble absolument pas vous écouter. Il vous coupe régulièrement la parole et vous abreuve de détails concernant le poste, l'entreprise, l'actualité... Vous êtes déstabilisé, frustré qu'il ne s'intéresse pas à vous, vous qui aviez tant préparé votre intervention.

Le bon comportement à adopter

Laissez-le parler et dites-vous que vous allez recueillir de précieuses informations sur l'entreprise, le poste.
Si vous avez des questions à poser, notez-les et posez-les quand vous sentirez qu'il réduit un peu la cadence.
Ne commencez ni à bouder, ni à vous recroqueviller sur vous-

même, ni à l'interrompre férocement pour placer ce que vous avez à dire. Car tout bavard qu'il est, il n'en sera pas moins attentif à vos réactions.
Il faut à la fois savoir montrer de l'adaptabilité, mais aussi votre caractère en vous « imposant » avec douceur.

Le recruteur agressif

Son accueil est souvent froid et sec. Il semble douter de chacune de vos paroles et vous contredit souvent. Il peut aussi vous couper la parole, vous harceler de questions, vous faire des remarques désobligeantes, vous presser. Vous avez clairement l'impression d'être face à un ennemi.

Le bon comportement à adopter

Si le poste ne vous intéresse pas, quelle que soit la raison de sa mauvaise humeur, vous n'avez pas à la subir. Vous pouvez alors conclure rapidement et partir.
Si le poste vous intéresse, ne rentrez pas dans son jeu. Dites-vous que ces attaques n'ont rien de personnel et qu'il se comporte de la même façon avec n'importe quel candidat. Ce n'est rien d'autre qu'une technique d'entretien, certes pas agréable, mais

VÉCU

MAUVAIS SOUVENIR

Marine S. a rencontré M. R., DRH dans une structure qu'elle souhaitait intégrer. Elle en garde le souvenir d'un homme très froid, dur, sec, lui coupant fréquemment la parole. « Il semblait ailleurs, ne paraissait pas prêter attention à ce que je lui disais. Cela m'a énormément perturbé et j'étais persuadée d'avoir échoué à cet entretien. J'en suis sortie déçue et aussi profondément en colère après cet homme.

J'ai finalement été recrutée et j'ai appris à mon arrivée qu'on lui avait signifié son licenciement le jour où il m'avait reçue. Cela avait sans doute un lien avec son comportement à mon égard. Je me suis jurée de ne plus prendre pour moi le comportement des recruteurs ».

Adoptez le bon comportement en fonction de celui du recruteur.

qui vise à vous évaluer en situation de stress, de déstabilisation. Il teste votre résistance, votre répartie.
Ne soyez surtout pas agressif, mais au contraire, montrez-lui votre assurance en lui adressant votre plus joli sourire et en répondant calmement à chacune de ses questions.
Prenez votre temps : le temps de vous installer, le temps de parler, le temps de réfléchir, de souffler...

Le recruteur muet

Juste une salutation polie, éventuellement une rapide présentation du poste et de l'entreprise, puis il ne dit plus rien. Il ne vous pose aucune question, il attend.
Cette technique permet au recruteur de voir comment vous vous présentez, quelles sont les informations que vous sélectionnez, et bien évidemment comment vous êtes dans une situation de stress où seule la communication non verbale est présente (il hoche la tête, change de position, s'avance, se recule).

Le bon comportement à adopter

Brisez la glace en évoquant votre parcours de façon claire, courte et structurée. Il n'est pas conseillé de vous attarder des heures sur votre CV.
Approfondissez, en revanche, vos motivations pour le poste proposé et n'hésitez pas à poser des questions.
Ne restez pas prostré sur votre chaise : dans ce cas aussi, vous devez être calme, assuré et souriant.

Le recruteur pressé

Il vous annonce dès le départ qu'il a très peu de temps à vous accorder. Il vous fait presque courir jusqu'au lieu de l'entretien. Il est agité, il parle vite et vous demande d'être bref.
Vous commencez à parler et il vous interrompt souvent pour vous demander d'aller à l'essentiel ou de passer à l'expérience suivante...
Il est peut-être réellement pressé, en retard sur son planning, il peut avoir une réunion importante après votre entretien... ou tout simplement vous tester.

Le bon comportement à adopter

Ne perdez pas des heures à vous installer, mais prenez quand même le temps de vous dévêtir, de sortir le nécessaire pour prendre des notes et de bien vous positionner sur votre chaise. Il est certain que, si vous êtes plutôt lent de nature, cela sera difficile pour vous comme pour lui.

S'il est vraiment trop oppressant, proposez-lui gentiment et avec votre plus grand sourire de reporter le rendez-vous à un moment plus calme et plus propice pour lui.

S'il refuse, ne soyez pas déstabilisé, faites des phrases courtes, répondez précisément à ses questions sans vous étendre, ne parlez pas trop vite et, encore une fois, montrez surtout votre intérêt pour le poste.

Avant de sortir, assurez-vous d'avoir bien toutes les réponses à vos questions.

En résumé

Quel que soit le comportement du recruteur, plusieurs éléments sont à retenir.

- **Il ne réagit pas comme ça parce que c'est vous. Tous les candidats sont logés à la même enseigne : cela n'a donc rien de personnel. Son attitude reflète une technique de recrutement visant à voir comment vous vous comportez en situation de stress ou confronté à une humeur maussade passagère dont vous n'êtes pas responsable.**
- **Gardez votre sourire, votre calme, détendez-vous même si cela paraît difficile, soyez concis (sauf s'il vous demande de développer), apportez des exemples concrets de vos réalisations, de vos réussites et n'hésitez pas à poser des questions.**
- **Ces méthodes s'appliquent à vous comme aux autres, et le bon ou le mauvais déroulement de l'entretien ne sont en rien un gage de succès ou d'échec. N'oubliez pas que vous êtes aussi là pour savoir si le poste vous convient et pas juste pour plaire au recruteur.**

Le recruteur négatif

Il dénigre tout ce que vous lui dites. Il fait des remarques sur votre âge, sur vos expériences, sur vos résultats... Rien ne lui semble positif dans ce que vous lui annoncez. Vous en arrivez à vous demander ce que vous faites face à lui et êtes persuadé que vous ne serez pas sélectionné.

Le bon comportement à adopter

Pensez-vous réellement que les recruteurs perdent du temps à recevoir des candidats qui ne les intéressent pas ? N'oubliez pas qu'ils doivent trouver au plus vite la perle rare. **Il s'agit donc encore d'une technique visant à évaluer votre comportement.** Ne perdez pas pied, gardez votre calme, apportez-lui des faits concrets permettant de vous valoriser et/ou de contrer ses arguments.

Travaillez votre confiance en vous

Vous avez le sentiment de ne pas avoir confiance en vous ? Ne vous inquiétez pas : il s'agit d'un sentiment très répandu. La confiance en soi n'est pas innée, et la bonne nouvelle, c'est que vous pouvez la renforcer, la développer. Elle sera la clé de votre réussite.
Le concept de la confiance en soi est assez complexe, mais voici quelques pistes pour commencer à mieux le comprendre.

La confiance en soi : un concept galvaudé

La plupart des gens disent souvent : « Je n'ai pas confiance en moi, je manque de confiance en moi. » Mais qu'est-ce que réellement la confiance en soi ? Elle est l'un des trois paramètres qui composent l'estime de soi.
Estime de soi = image de soi + amour de soi + confiance en soi.

1. L'IMAGE DE SOI

Est-ce que je m'aime physiquement tel que je suis ?

2. L'AMOUR DE SOI

Est-ce que je m'aime inconditionnellement ? Est-ce que je m'accepte avec mes qualités et mes défauts ?

3. LA CONFIANCE EN SOI

C'est ma capacité à agir, à poser des actions.

CES 3 CONCEPTS SONT ÉTROITEMENT LIÉS

Il s'agit pour vous de déterminer sur quel axe vous devrez essentiellement agir.
Vous pouvez tout à fait être capable d'agir, donc de poser des actions, mais ne pas aimer votre image.
Vous pouvez aimer votre image, mais ne pas vous accepter tel que vous êtes.
Dans tous les cas, pour vous sentir bien et donner le meilleur de vous-même, il est important de savoir par quel bout prendre le problème.

Vous n'aimez pas votre image

Il y a des cycles de notre vie durant lesquels nous avons du mal à nous accepter physiquement. Soit on s'habitue, soit on n'y pense plus, soit on se morfond, soit on décide d'agir. Il est tout d'abord essentiel de déterminer pourquoi vous n'aimez pas votre image. Quelles parties de votre corps ne vous plaisent pas ? Avez-vous déjà essayé de changer votre image ? Avez-vous le sentiment que votre image n'est pas le reflet de la personne que vous êtes réellement ? Vous a-t-on fait des remarques sur votre image ?

QUE FAIRE ?

Chaque problématique a sa solution, mais le seul moteur sera votre motivation. Que vous souhaitiez changer seul ou accompagné par un professionnel, il faudra que vous en ayez réellement et sincèrement envie. Une fois le changement opéré, redressez-vous, les épaules en arrière, le menton relevé, souriez.

Mieux dans votre corps, mieux dans votre tête, vous véhiculerez une image positive. Vous constaterez que le regard des autres sur vous changera indéniablement.

Votre amour de soi fait défaut

Avant toute chose, êtes-vous sûr de bien vous connaître ? Si vous avez lu au chapitre 2 « Apprenez à vous connaître pour mieux vous vendre », vous en savez peut-être un peu plus sur vous.

N'oubliez pas, vous avez des qualités

Il y a certainement des domaines dans lesquels vous excellez, et pas seulement dans le domaine professionnel. N'hésitez pas à mettre en pratique vos compétences. Plus vous allez faire des choses que vous savez faire, plus vous éprouverez de la satisfaction et plus vous apprendrez à vous aimer.
De nombreuses personnes se focalisent uniquement sur leurs défauts sans même prêter attention à leurs qualités. Sachez que tout être humain est composé de qualités et de défauts. Nul n'est parfait : il faut juste en prendre conscience et l'accepter.

Faites taire cette voix autocritique :

« Je n'y arriverai jamais, je suis nul, ça ne marchera pas... »
Dans un premier temps, écoutez-la et analysez ce qu'elle vous souffle. N'y arrivez-vous réellement jamais ? Êtes-vous nul en toutes circonstances ? Pensez-vous que ces pensées négatives vous aident à avancer et à vous sentir mieux ? Quant à vos échecs, accueillez-les avec bienveillance.
On ne peut pas toujours réussir, personne ne réussit tout. Il est donc intéressant d'analyser pourquoi vous avez échoué et d'en tirer les conséquences nécessaires pour que cela ne se reproduise pas.

Accueillez positivement les compliments

Ne les repoussez pas d'un revers de la main, mais remerciez votre interlocuteur en le gratifiant de votre plus beau sourire. Une personne qui a une bonne estime d'elle sait accepter les compliments. Le maître mot est : valorisation de vous-même.

Booster votre confiance en vous par l'action

La confiance en soi étant l'une des composantes de l'estime de soi, plus vous allez agir, poser des actions et en obtenir des résultats positifs, plus votre estime va grandir. Certes, me direz-vous, mais les résultats positifs ne sont pas toujours au rendez-vous. Oui, c'est une certitude, mais plus vous agirez, plus les réussites seront là.

Néanmoins, attention à vous poser des objectifs réalistes et raisonnables

Si vous avez comme objectif de gravir le mont Blanc et que vous n'avez jamais fait le moindre sport, il y a de fortes chances pour que vous n'y parveniez pas.

Commencez par vous lancer de petits défis comme regarder vos interlocuteurs dans les yeux (ou au milieu des deux yeux si c'est plus confortable pour vous), oser prendre la parole dans un groupe d'amis en exprimant ce que vous pensez, vous inscrire dans un cours de danse ou de théâtre, faire le saut en parachute dont vous rêvez depuis des années...

Ne baissez pas les bras si vous échouez

Dites-vous que vous avez le droit à l'erreur. N'oubliez pas : personne n'est parfait.

Recommencez, persévérez. Vous constaterez que les résultats positifs seront là, votre moral regonflé, votre confiance en vous boostée. Augmentez petit à petit la difficulté de ces actions pour faire grandir votre estime de soi.

Surtout, n'arrêtez jamais de vous lancer des défis quels qu'ils soient, car la confiance en soi n'est pas acquise une fois pour toutes, elle s'entretient au quotidien. Et si vous avez besoin d'une personne pour vous aider à avancer, pensez à voir un coach.

Apprenez à décoder les postures

Les postures sont le reflet physique de nos attitudes psychiques. Elles indiquent comment vous ou votre interlocuteur vivez la situation de l'intérieur. Elles dépendent aussi naturellement du contexte et de la verbalisation qui les accompagne.

Les postures fondamentales

Si votre interlocuteur analyse vos postures, il est nécessaire que vous puissiez également analyser les siennes pour pouvoir, si nécessaire, recadrer votre discours.
Il existe 4 postures fondamentales qui dépendent de 4 attitudes psychiques.
1. **La posture en extension :** attitude de domination.
2. **La posture en contraction :** attitude de soumission.
3. **La posture en avant ou en approche :** attitude de partage et d'ouverture aux autres.
4. **La posture en arrière ou en recul :** attitude de rejet ou de fuite.

Décodez les postures fondamentales

La posture en extension

Elle est décelable grâce à 4 paramètres.
1. Le menton est relevé, comme défiant l'adversaire et la tête est bien droite.
2. Les épaules sont bien en arrière; le torse est gonflé, bombé.
3. Les mains sont souvent sur les hanches (observez donc les athlètes sportifs : ils ont souvent cette posture avant le début de leur performance).
4. Les jambes sont écartées ou un pied est devant l'autre, mais jamais jointes.

Cette posture donne un signal de confiance en soi, d'assurance.

Changements
de postures
=
changement
d'état d'esprit
au moment où
votre interlocuteur
les réalise.

La posture en contraction

Elle se reconnaît grâce à 4 paramètres.

1. La tête rentre dans les épaules.
2. Le corps, en position assise, se tasse un peu, le dos est courbé, les épaules rentrées, les pieds en recul sous la chaise ; en position debout, les chevilles pourront se croiser.
3. Les mains se touchent, se frottent, se couvrent.
4. Les pointes de pieds se rapprochent souvent en position debout.

Cette posture indique que **la personne est mal à l'aise, soumise à son interlocuteur.**

La posture en avant ou en approche

Elle se construit essentiellement à travers 5 paramètres.

1. La tête est très souvent penchée légèrement sur le côté en signe d'écoute bienveillante.
2. La tête peut être aussi appuyée sur les mains et démontre une attitude de réflexion.
3. Le regard est plongé dans celui de l'interlocuteur avec douceur.
4. Les bras, ouverts, indiquent la confiance en l'autre.
5. Les mains sont ouvertes, paumes vers le ciel.

Cette posture montre que **vous êtes intéressé par l'autre, par son discours**. Si le recruteur montre ces signaux, vous êtes sur la bonne voie !

La posture en arrière ou en recul

Elle se caractérise par 6 paramètres.

1. La tête détournée, mais pas le regard : vous êtes attendu au tournant.
2. Le regard et la tête détournés : votre interlocuteur cherche à couper le contact.
3. Le buste : il se tourne légèrement de profil.
4. Les bras croisés : attitude de fermeture.
5. Les jambes : croisées, et le rejet sera d'autant plus fort si le buste est tourné.
6. Les pieds : sous la chaise (recul).

Si, durant l'entretien, votre interlocuteur adopte subitement ce type de posture à un moment donné, **c'est peut-être qu'il y a méfiance ou rejet.**

En résumé

Les postures s'observent toujours en lien avec le discours. Ce qui est intéressant, ce sont les changements de postures qui sont révélateurs d'un changement d'état d'esprit au moment où votre interlocuteur les produit.

Si vous remarquez que, subitement, il se recule sur sa chaise, croise ses bras, se met de côté, il est probable que ce que vous venez de lui dire ne lui convient pas. À vous de recadrer votre discours.

Vous l'aurez compris, la posture à privilégier pour vos entretiens est la posture en avant ou en approche.

Tableau récapitulatif des postures et de leur signification

Exemples négatifs	Signal donné
Position assise très (trop) décontractée	Prétention, désintérêt
S'asseoir sur le rebord avant du siège	Insécurité, tension
Tourner le haut du corps vers le côté (se détourner de l'interlocuteur)	Prétention, désintérêt, refus
S'adosser	Refus, créer une distance
Se tenir le buste avec les bras croisés	Refus, repli sur soi
Enrouler les chevilles autour des pieds de chaise	Insécurité, tension
Balancer un pied ou une jambe	Nervosité, désintérêt
Exemples positifs	**Signal donné**
Posture bien droite (en position debout ou assis)	Sécurité
Duplication du comportement de l'interlocuteur	Approbation, intérêt (empathie)
Rapprocher le torse vers l'interlocuteur	Approbation, intérêt (empathie)

Source :
Guide de l'entretien d'embauche : déroulement de l'entretien, Monster.

L'importance du regard

Le regard est l'un des éléments les plus importants de votre entretien. Énormément d'informations passent par vos yeux : la joie, la déception, la colère, l'excitation, l'inquiétude... sans que vous n'ayez prononcé la moindre parole.
Le contact visuel joue un rôle capital dans la formation d'une première impression.

Le regard, révélateur de votre état émotionnel

Lors du tout premier contact, le recruteur regarde votre visage et particulièrement vos yeux. Le regard est donc l'un des tout premiers éléments qu'il perçoit de vous.

Le recruteur pourra y lire votre état émotionnel : la peur, la joie, l'excitation, la colère, l'interrogation... La peur ou l'excitation agrandissent les pupilles et augmentent les clignements des yeux. Les paupières se ferment légèrement lorsque vous vous méfiez.

Il est donc important que vous soyez dans de bonnes conditions physiques et psychologiques pour votre entretien afin d'éviter de véhiculer des émotions négatives. Notamment que vous ayez évacué votre stress.

Le regard dans les échanges

De nombreuses études qui ont analysé les regards échangés au cours d'un face-à-face démontrent que :

- Lorsque nous parlons à quelqu'un que nous connaissons peu, nous ne croisons son regard que 20 % du temps.
- Le reste du temps, le regard s'évade pour se concentrer, pour réfléchir ou également pour s'isoler.

Si le recruteur vous suit du regard pendant votre entretien, c'est qu'il manifeste un intérêt pour vos propos.

- **Quand nous parlons, nous regardons moins l'autre** (40 % du temps) **que lorsque nous l'écoutons** (75 % du temps).
- Lorsque l'on veut souligner certaines choses de son discours, on fixe brièvement son interlocuteur.

Le regard pour valider vos paroles

Le recruteur a besoin de vos yeux pour valider ce que vous dites. Comme tous vos autres gestes, le regard devra non seulement être en adéquation avec votre discours, mais pourra également renseigner votre interlocuteur sur vos sentiments, vos ressentis en réaction à ses paroles. Il en est de même pour vous par rapport à son discours.
Si vous ne le regardez pas suffisamment, il pourra en conclure que vous n'êtes pas intéressé ou très (trop) timide.

Quand votre regard s'évade

Quand vous ne regardez pas votre interlocuteur, vos yeux s'évadent. Vous en avez besoin pour prendre un peu de recul, réfléchir. Néanmoins, soyez vigilant, car trop fréquent lors de l'échange, un regard bas dénote le malaise ou la dissimulation. Cela montre un certain manque de spontanéité et d'assurance.
À l'inverse, un regard trop haut désigne une personnalité imaginative, mais qui fuit la réalité.
Enfin, si votre regard commence à se perdre par la fenêtre, vous pourriez démontrer par cette attitude fuyante comme une pressante envie de partir.
Parmi les dix manifestations physiques qui laissent la plus mauvaise impression lors des entretiens d'embauche, le regard fuyant est en tête : 64 % des réponses (voir au chapitre 6 « Le regard et le sourire : les indispensables »).

Alors, où regarder ?

Il est important de regarder l'interlocuteur dans les yeux, sans pour autant le fixer.
En le regardant dans les yeux, vous démontrerez votre confiance en vous, votre contact facile. Vous apparaîtrez comme une personne bien installée dans le présent.

Le défaut
de nombreux
candidats
est de vouloir
à tout prix
parler.

Rappelez-vous que soutenir le regard du recruteur est un gage d'intérêt, de concentration, de motivation pour l'emploi.
Si vous êtes timide ou mal à l'aise, fixez un point situé entre ses deux yeux. Si vous avez affaire à plusieurs interlocuteurs en même temps, regardez chacun d'entre eux tour à tour.
Votre regard peut s'évader, mais ponctuellement seulement. **Évitez de le laisser flotter dans le vide** et de l'arrêter sur le moindre détail des murs ou de la table.

Écoute et empathie : les incontournables

Pour bien entrer en communication avec votre interlocuteur, il est indispensable de travailler votre écoute active et votre empathie. Le défaut de nombreux candidats est de vouloir à tout prix parler. Or, bien souvent, le silence est d'or.

Qu'est-ce qu'une écoute active ?

L'écoute active est une écoute bienveillante qui nous rend disponible pour l'interlocuteur. Cela crée une situation de communication basée sur la confiance et l'empathie, dans laquelle on témoigne du respect et de la considération pour son interlocuteur. Pour pratiquer une bonne écoute active, **il faut laisser parler l'autre sans l'interrompre** et comprendre précisément ce qu'il

Vécu

Des lunettes de soleil au poker

Le regard trahit de nombreuses émotions. C'est pourquoi une grande partie des joueurs professionnels de poker se sont mis à porter des lunettes de soleil pendant les parties de cartes. En effet, cela évite que leurs adversaires cherchent dans leurs yeux des signes qui trahissent un bluff ou donnent une information sur leur jeu.

veut exprimer. Ne pas anticiper ses réponses, ne pas penser à soi, s'adapter à ses codes, à son mode de pensée.

L'empathie

Étymologiquement, l'empathie est définie comme suit : en (« dedans ») et pathie (« ce que l'on éprouve »). Il s'agit bien de comprendre ce que l'autre ressent. Mais attention, l'empathie n'est pas la sympathie.

L'empathie désigne une compréhension de l'autre, sans tenir compte de la sympathie ou de l'antipathie que l'on peut éprouver pour lui et sans pratiquer aucun jugement. Écoute active et empathie sont intimement liées.

Pourquoi une écoute active avec le recruteur ?

Étant dans une situation stressante ou en tout cas à fort enjeu, vous avez tendance à ne pas réellement écouter le recruteur, mais à vous focaliser sur ce que vous pourrez bien lui répondre quand viendra votre tour de parler, voire même à déballer votre discours à peine arrivé. Cet échange n'est pas constructif, car vous ne l'avez pas vraiment écouté, vous ne savez donc pas vraiment ce qu'il attend du candidat pour le poste.

Bien écouter le recruteur c'est :

- bien cerner ce qu'il attend, ce qu'il recherche ;
- repérer les points clés de son discours ;
- retenir mentalement, ou grâce à une prise de note succincte, les points à clarifier (vous pouvez vous en résumer le message).

Cela vous permettra de **mieux vous vendre, mieux orienter vos réponses** pour proposer des arguments en adéquation avec ses besoins.

Importance des signaux verbaux et non verbaux

Lors de cette écoute, il est primordial d'établir un contact visuel et de ne pas l'interrompre. Le recruteur sera sensible à votre attention, votre concentration et votre intérêt. Vous serez perçu comme une personne posée, réfléchie et ouverte d'esprit.

Écouter, c'est aussi être attentif à ses gestes et à ses attitudes. Un geste, une posture de recul peuvent révéler une réaction

négative à l'une de vos réponses. Une de ses questions peut également en cacher une autre.
Bref, il faut **être attentif à sa communication verbale, mais aussi non verbale pour pouvoir être réactif.**

Ne pas se laisser distraire

Une écoute active est un exercice difficile, qui demande des efforts et une grande concentration.
Vous ne devez pas vous laisser distraire par un bruit, par une pensée, par des idées préconçues. Évitez de gesticuler sur votre chaise.
Prenez d'emblée une position confortable qui vous permettra dès le début d'être dans de bonnes conditions pour l'écouter attentivement.
Si votre entretien est interrompu (coup de téléphone du recruteur, entrée dans son bureau...), **ne vous laissez pas déstabiliser.** Reprenez le contact visuel, « recanalisez-vous ».

EN RÉSUMÉ

- **Plutôt que de réciter votre présentation, sachez écouter pour mieux répondre.** Un bon candidat n'est pas celui qui parle le plus, mais celui qui saura démontrer une bonne écoute, véhiculer une bonne énergie et des émotions positives dans ses paroles et ses attitudes.
- **Le manque d'écoute est un défaut très préjudiciable** lorsque l'on postule notamment à une fonction commerciale, à une fonction de support ou de management pour lesquelles la capacité d'écoute est primordiale.
- **N'hésitez pas à poser des questions** pour mieux comprendre le recruteur, pour lui faire approfondir sa pensée, mais également pour lui faire décrire le candidat idéal et/ou les qualités idéales pour le poste. À vous ensuite de prouver, par vos expériences, que vous êtes ce candidat idéal.

SAVOIR GÉRER LES SILENCES

Les silences font intégralement partie de la communication. Ils expriment quelque chose et sont indispensables à l'écoute de l'autre.
Comme disait Marguerite Yourcenar : « Le silence est fait de paroles que l'on n'a pas dites. »
Apprenez donc à vous servir des silences aux bons moments et à bon escient.

Les silences font peur

N'avez-vous jamais redouté ces longues secondes pesantes, vides de mots lors d'un entretien. Cette peur peut vous amener, pour combler à tout prix le silence, à bafouiller, chercher vos mots, vous racler la gorge et surtout dire n'importe quoi ou dire ce que vous n'auriez pas voulu dire.
C'est de vos mots que vous devez avoir peur dans ces cas-là et non des silences. Demandez-vous si vous préférez passer pour un moulin à paroles ou bien pour quelqu'un de calme, attentif et posé.

Le silence est d'or

Vous avez déjà passé de nombreux entretiens et votre discours est bien rodé. Parfait, mais **attention à votre débit de parole.** Les recruteurs se plaignent du fait que les candidats déversent leur discours sans leur laisser le temps de la « digestion » des informations. Il faut savoir vous taire pour laisser au recruteur le temps de comprendre votre parcours et de vous poser des questions.
Si vous inondez le recruteur d'un flot de paroles tandis qu'il réfléchit ou se penche sur votre dossier, il en conclura que vous n'êtes pas à l'aise ou que vous manquez de confiance en vous. Si vous vous sentez pressé de parler, vous ne réfléchirez pas. Si, au contraire, vous ne cherchez pas à tout prix à remplir les silences, vous donnez l'image d'une personne attentive, à l'écoute et réfléchie.

Identifier les silences en entretien

Il existe plusieurs types de silence et savoir les interpréter vous permettra de mieux comprendre votre interlocuteur.
• Il y a tout d'abord **le silence du recruteur qui écoute** attentivement les paroles de son interlocuteur. Il prouve que l'on montre de l'attention à votre discours et du respect à votre personne.
• On rencontre aussi **le silence de celui qui n'a pas compris** quelque chose dans votre discours. Dans ce cas, il se peut que d'autres signes distinctifs apparaissent comme un froncement des sourcils, un plissement des yeux... N'hésitez pas à demander à votre interlocuteur s'il souhaite des compléments d'informations.
• **Le silence permet de se concentrer, de réfléchir.** Le recruteur vient de vous écouter et il a besoin d'un peu de temps pour enchaîner, pour vous demander de préciser, de poursuivre dans telle ou telle direction.
• **Le silence peut exprimer des ressentis** par d'autres moyens de communication que le regard, l'expression du visage ou la gestuelle. Il faudra alors vous concentrer sur ces autres signes pour comprendre la signification de ce silence. Autres gestes qui sont détaillés en grande partie dans ce livre, notamment dans les gestes parasites.
• Il y a enfin **le silence stratégique** de celui qui teste votre sang-froid.

Que faire face aux silences stratégiques d'un recruteur ?

Certains recruteurs pratiquent le silence pour tester votre résistance au stress puisque, comme nous venons de le voir, les silences constituent un facteur anxiogène pour la plupart d'entre nous. **L'absence de parole, de réaction de votre interlocuteur vous met dans le plus grand embarras.**
Que pense-t-il de vous ? Vos réponses le satisfont-elles ou non ? Quels points souhaiterait-il que vous développiez ?

Quelle stratégie adopter ?

En premier lieu, ne meublez pas tous les silences. Cela serait néfaste comme nous l'avons vu précédemment et c'est au recru-

Quand les silences
surviennent,
utilisez-les
pour vérifier
si vous n'avez pas omis
un point important.

teur de mener l'entretien. **Vous devez montrer que vous ne redoutez pas les silences, qu'ils ne vous font pas peur.**
Quand ils surviennent, utilisez-les pour vérifier si vous n'avez pas omis un point important et pour réfléchir à ce que vous allez dire dans les minutes qui suivent.
Néanmoins si, au-delà de cinq ou dix secondes, le recruteur continue à se murer dans son silence, prenez la parole et demandez-lui d'un ton assuré s'il est satisfait de votre réponse ou s'il désire que vous développiez un point en particulier. Restez souriant et détendu. Pendant le silence, ne vous demandez pas ce que le recruteur pense de vous à cet instant et surtout ne perdez pas votre temps à essayer de le deviner.

Utilisez les silences pour vous concentrer

Lorsque le recruteur vous pose une question, ne vous précipitez pas pour répondre. Le risque est de débuter votre argumentaire par des mots parasites comme « euh », « bah » ou « en fait ». Votre discours sera alors réactif plutôt que réflexif, avec les risques de tension et d'incompréhension qui peuvent en naître. En outre, ces silences vous permettent de reprendre calmement votre respiration et d'oxygéner votre cerveau.
Pas de hâte : les recruteurs apprécient les candidats qui prennent quelques secondes de réflexion avant de répondre aux questions. Cela vous permettra de mieux structurer votre discours et aussi de chasser votre stress.

Donner de la puissance à votre discours

Il faut positiver le silence et l'utiliser pour donner du souffle et de la profondeur à la conversation. Écoutez les discours des hommes politiques : ils utilisent les silences pour donner de la puissance à ce qu'ils viennent de dire ou avant de parler.
Ces silences ou ces pauses vous permettent de **mettre l'accent sur certains termes de votre discours ou de ménager le suspense,** et donc d'accroître l'intérêt et l'attente de votre interlocuteur. Le silence interviendra donc avant ou après l'énonciation d'un terme, d'une idée clé ou d'un chiffre essentiel.Le langage et le silence se nourrissent l'un de l'autre, sont en interaction constante.

EN RESUMÉ

Les silences font partie intégrante de la communication. Ne soyez plus effrayé des silences de votre interlocuteur et efforcez-vous d'introduire des pauses dans votre discours.

Attention aux silences d'embarras qui, eux, sont du plus mauvais effet, car ils sont longs et manifestent non pas un temps de réflexion, mais plutôt un moment de panique.

Le silence comme arme de négociation

Lorsque le recruteur vous annonce le montant de votre salaire, vous pouvez simplement noter le chiffre sans prononcer un mot, mais en fronçant légèrement les sourcils. Cela peut s'avérer très efficace. Le but sera d'amener le doute dans son esprit et à lui faire énoncer un autre montant ou d'autres avantages. S'il connaît le « truc », il ne dira rien. Rompez donc la glace en le questionnant sur les avantages par exemple.

LA SYNCHRONISATION : POUR MIEUX ENTRER EN CONTACT AVEC VOTRE INTERLOCUTEUR

Se synchroniser permet de montrer que l'on appartient à la même tribu que notre interlocuteur. Il ne s'agit pas d'imitation, mais d'une connexion inconsciente qui favorise la communication, la compréhension. Pour y parvenir, vous devez développer votre sens de l'écoute et de l'observation.

La synchronisation, c'est quoi ?

Se synchroniser, c'est **adopter le mode de communication de l'autre**, se brancher sur la même longueur d'onde que lui. Cette méthode permet d'établir un contact avec une personne, de retenir son attention de manière inconsciente.

Vous pouvez ainsi vous synchroniser avec le recruteur pour favoriser la communication entre vous.
En effet, lors d'un bon échange, il arrive fréquemment que les deux personnes calquent leurs gestes l'une sur l'autre.
Remarquez la synchronisation entre deux ami(e)s ou deux amoureux : même gestuelle, même attitude, même rythme des paroles, même voix, même ton, mêmes mots... Ils sont dans le même monde, ils se comprennent parfaitement.

La synchronisation verbale

Dans un premier temps, repérez le type de langage du recruteur. S'il est simple, évitez d'avoir un langage trop sophistiqué avec lui. À l'inverse, soyez vigilant sur les mots que vous utilisez avec une personne dont le langage est naturellement plus recherché. Lorsque vous serez suffisamment à l'aise dans vos entretiens, vous pourrez repérer les mots les plus utilisés par votre interlocuteur, autrement dit son « canal de communication » de prédilection.

- Est-il plutôt **visuel** : « Je vois que sur votre CV... » ;
- **Auditif :** « J'entends que vous me dites avoir augmenté le chiffre d'affaire de votre département... » ;
- Ou encore **kinesthésique :** « Je sens bien que cette expérience vous a permis de... » ?

Ayant pris conscience de son canal préférentiel, vous pouvez vous adapter et essayer de choisir vos mots parmi le vocabulaire de référence de votre interlocuteur.
Entraînez-vous à repérer le « canal de communication » de prédilection de vos amis pour commencer. Cela demande une grande écoute et vous sera utile dans toutes vos communications personnelles et professionnelles.

La synchronisation gestuelle

Se synchroniser sur les postures et la gestuelle du recruteur, c'est adopter des positions proches des siennes. Il croise les bras, vous croisez les bras, il s'avance, vous vous avancez...
Là encore, la prudence s'impose : il ne s'agit pas de singer notre

interlocuteur, mais de lui renvoyer, en quelque sorte, une image en miroir de lui-même.
Néanmoins, la synchronisation s'arrêtera si le recruteur fait usage d'un comportement trop laxiste qu'il vous serait préjudiciable de reproduire. Par exemple : il pose les pieds sur son bureau, il se lève et déambule dans la pièce.

La synchronisation et l'état d'esprit du recruteur

Si vous êtes face à un recruteur passionné, enflammé, expansif, il est recommandé que vous soyez dans ce même état ou tout du moins pas apathique, sinon vous risquez d'avoir du mal à entrer en communication avec lui.
À l'inverse, si votre recruteur est posé, calme, ne soyez pas trop excité aussi bien dans votre gestuelle que dans votre débit de parole.

La synchronisation sur le rythme de la voix

Comme on se synchronise sur l'état d'esprit pour bien entrer en communication avec un interlocuteur, pour qu'un lien se crée entre lui et vous, **il est nécessaire que vous vous adaptiez au rythme**

de sa voix. En effet, s'il parle très vite et que vous parlez très lentement, il risque fort de se lasser et de ne plus vous écouter. Mais si votre interlocuteur est posé, calme, s'exprime lentement, il faudra éviter de débiter votre discours comme une mitraillette. L'effet serait alors le même : vous perdriez son écoute et son attention.

CONCLUSION

- **Il faut éviter de « singer » votre interlocuteur, car la frontière entre l'imitation et la synchronisation est mince. Il est pertinent de décaler la synchronisation de quelques secondes.**
- **La synchronisation verbale est une adaptation de votre registre verbal à celui de l'interlocuteur.**
- **La synchronisation non verbale s'appuie sur les éléments non verbaux de la communication comme les mouvements du corps, le rythme et le ton de la voix, les expressions du visage, la façon de se calquer sur l'état d'esprit de l'interlocuteur.**
- **La synchronisation est l'une des techniques les plus efficaces, les plus puissantes de la PNL (programmation neurolinguistique) quand elle est pratiquée avec élégance et finesse. Entraînez-vous avant avec des proches.**

8. La e-réputation : soigner votre image sur la Toile

Les premiers réseaux sociaux sur Internet sont apparus en 1997. Créés au départ dans le but de partager des informations avec des amis, membres de la famille ou connaissances, ils sont rapidement devenus des lieux de rencontres professionnelles. Internet est en effet aujourd'hui un outil de recrutement. On parle d'ailleurs de Recrutement 2.0. De nombreuses entreprises axent leurs recrutements sur les réseaux sociaux, les sites spécialisés, les *job boards* ou les *fanpages* Facebook.

Une enquête que j'ai réalisée en 2012 auprès de 80 recruteurs montre que seuls 8 % d'entre eux (tous âges confondus) ne regardent jamais les profils des candidats sur les réseaux sociaux. Votre présence sur les réseaux sociaux sera d'autant plus indispensable que votre fonction exige des connaissances d'Internet.

Encore faut-il y figurer correctement.

MINI SOMMAIRE

- Pourquoi est-ce si important d'être présent sur les réseaux sociaux professionnels?
- Attention, les recruteurs vous observent !
- Comment soigner votre e-réputation ?
- Se construire un bon profil

Pourquoi est-ce si important d'être présent sur les réseaux sociaux professionnels?

Les réseaux sociaux sont de plus en plus consultés sur un plan professionnel. Viadeo et LinkedIn ont des bases de données dix fois supérieures à celles de sites tels que Monster. Il est donc indispensable pour les candidats d'être aujourd'hui présents sur ces réseaux pour être remarqués des recruteurs.

L'usage d'Internet a évolué

Au tout début de l'émergence des réseaux sociaux, les internautes communiquaient avec des pseudos et les relations touchaient peu ou pas la sphère professionnelle.

> Aujourd'hui, chacun est présent sur la Toile avec son véritable nom, car outre le fait de pouvoir retrouver des connaissances, il est possible également de se faire connaître en valorisant ses compétences, ses expériences, ses qualités, son savoir-faire…

De plus en plus de professionnels du recrutement utilisent les réseaux sociaux pour apprendre à mieux vous connaître et cette tendance n'ira qu'en s'amplifiant. Les jeunes recruteurs ainsi que les femmes sont les plus nombreux à les utiliser (étude de 2012 auprès de 80 recruteurs).

E-réputation, cyber-réputation, réputation numérique...

Quel que soit le terme employé pour parler de votre image sur Internet, le mot « réputation » y figure. Il vient du latin *reputatio*, qui signifie « considération », « examen ». Il s'agit donc d'une évaluation, bonne ou mauvaise, de votre image sur la Toile. **Votre image numérique est constituée des informations écrites ou visuelles** que vous y avez laissées sur des blogs, réseaux sociaux, plateformes... mais aussi de celles que d'autres personnes ont laissées sur vous (photos, commentaires...).

Qu'est-ce qu'on peut faire sur la Toile ?

Il existe de nombreux réseaux sociaux professionnels, dont les deux principaux sont LinkedIn et Viadeo.

LinkedIn

C'est le plus grand réseau mondial. Il a été créé en 2003 aux États-Unis. En 2011, il est utilisé par plus de 120 millions de professionnels dans le monde et compte plus de 150 secteurs d'activités dans 200 pays. **En France, il a 2 millions de membres.**

À retenir

Être présent sur les réseaux sociaux vous permet de :

- **Trouver de nouvelles opportunités de carrière.**
- **Partager, d'échanger des informations.**
- **Accroître votre notoriété professionnelle.**
- **Augmenter vos opportunités professionnelles.**
- **Trouver des partenaires...**

Viadeo

Né en France en 2004, il s'est développé à l'international en 2006. **Y sont déjà inscrits 35 millions de membres dans le monde, dont 4,5 millions en France.**

Twitter

Créé en 2006, ce site permet d'envoyer de brefs messages (pas plus de 140 caractères). **Il comptait 300 millions d'utilisateurs en 2011.**

Ces réseaux professionnels permettent non seulement de vous faire connaître grâce à la création d'un profil (voir « Comment soignez votre e-réputation ? » dans ce chapitre), mais aussi de rejoindre des groupes de personnes exerçant la même profession que vous pour partager expériences, informations, expertise...

Attention, les recruteurs vous observent !

Selon une enquête publiée en août 2009, réalisée par Harris Interactive, 35 % des employeurs interrogés qui utilisent les réseaux sociaux pour leur recrutement reconnaissent ne pas avoir embauché un candidat suite à ce qu'ils y avaient trouvé. Une mauvaise image ou une non-présence peut vous fermer de nombreuses portes.

Regarder les profils pour mieux connaître les candidats

Tous les services des ressources humaines des grandes entreprises s'y mettent et cela ne fera qu'aller en s'accroissant. On observe ainsi une augmentation de la recherche sur les personnes par les recruteurs.Selon une étude que j'ai menée en 2012, 87 % des recruteurs interrogés regardent le profil des candidats sur les réseaux sociaux.

Les profils avec des expériences professionnelles détaillées sont douze fois plus consultés par les recruteurs.

Aujourd'hui, le CV et la lettre de motivation ne suffisent plus. Avant de recevoir un candidat, les recruteurs veulent se faire une vision plus globale, plus large des candidats, de leur personnalité. Regarder ce qui est présent sur Internet pour chaque candidat leur permet de compléter leur étude.
On parle de « googlisation », terme qui consiste à rechercher des informations sur une personne en indiquant son prénom et son nom dans Google. Les recruteurs ont alors accès à tout ce que vous avez publié ou ce qui a été publié sur vous (documents, commentaires, photos, blogs...).
Il existe également d'autres sites pour trouver des informations sur les candidats : www.123people.com, www.cvgadget.com ou encore http://pipl.com.

Différence entre la sphère privée et la sphère professionnelle

Les entreprises qui recherchent des candidats ou des informations sur les candidats ne sont pas censées utiliser les réseaux sociaux, tels que Facebook, ou les blogs privés. Néanmoins, il arrive que la curiosité pousse certaines à le faire, que des annonces soient publiées sur leurs sites ou qu'elles animent des pages sur Facebook. Le candidat doit alors être vigilant aux traces qu'il y laisse.
La frontière entre le privé et le public est de plus en plus mince et il convient à chacun de bien utiliser les paramètres de confidentialité présents sur chaque site en fonction de l'usage que l'on veut faire de son profil.
Certains recruteurs conseillent même de se créer deux profils : un profil accessible à tous, donc aux recruteurs, et un profil privé, seul visible par vos amis.

Recrutement sur le Net

Selon l'étude menée en 2012 auprès de 80 recruteurs, plus de 80 % des moins de 40 ans utilisent les réseaux sociaux pour chercher des candidats. Ce chiffre descend à 73 % pour les personnes entre 41 et 50 ans et 57 % pour les plus de 50 ans. En moyenne, 74 % des personnes interrogées utilisent les réseaux

sociaux pour chercher des candidats. **Ce sont les femmes et les jeunes qui en font le plus usage.**
Les réseaux sociaux les plus utilisés par les recruteurs sont Viadeo (53 %), LinkedIn (28 %), Facebook (12 %) et Twitter (6 %). Utiliser ces réseaux pour chercher des candidats s'avère plus rapide et moins coûteux, particulièrement pour les plus petites structures ou quand le nombre de recrutements n'est pas très important.

En entretien avec le recruteur

Le recruteur qui vous reçoit a peut-être effectué des recherches sur vous. Voici quelques points à ne pas négliger avant de le rencontrer.

Cohérence des informations diffusées

Assurez-vous de la cohérence de votre CV avec vos profils sur les réseaux sociaux. Le recruteur ne manquera pas de mettre le doigt sur des différences qui pourraient fortement vous pénaliser. Cohérence entre les intitulés de poste, mais également entre les dates et les missions réalisées.

VÉCU

DES PHOTOS ET DES PROPOS COMPROMETTANTS

- **Un grand groupe de conseil a mandaté un recruteur pour trouver un consultant junior (débutant). Plusieurs CV sont sélectionnés. Le recruteur effectue des recherches sur les candidats et, pour l'un d'entre eux, trouve des propos injurieux tenus par le jeune homme. « J'ai malheureusement dû abandonner cette candidature, les valeurs de cette personne allant à contre-courant de celles de l'entreprise. »**
- **Une entreprise cherche à recruter un avocat en droit international. Une jeune femme postule. Sur l'un de ses profils, on pouvait y voir des photos d'elle à demi-nue.**
- **N'oubliez pas que toutes ces informations sont visibles par tous si vous n'utilisez pas correctement les paramètres de confidentialité.**

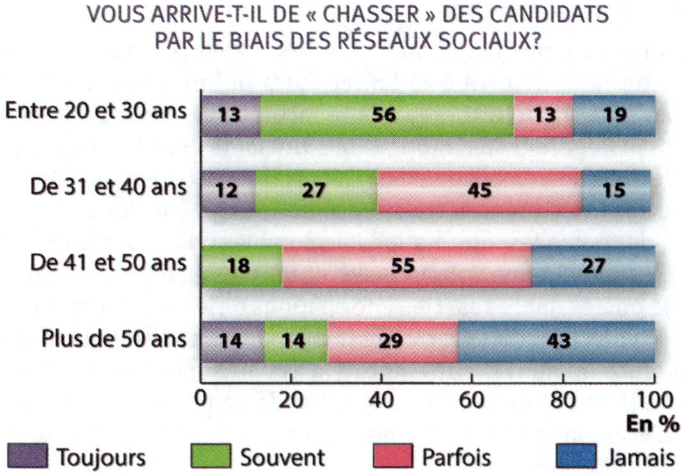

Source :
étude réalisée en 2012 auprès de 80 recruteurs.

Connaître vos relations

Le recruteur pourra regarder les relations avec lesquelles vous êtes en contact sur les réseaux professionnels. Si vous avez des connaissances communes, il pourra vous interroger sur la façon dont vous vous êtes connus, si vous les avez rencontrées, si vous avez travaillé ensemble... Assurez-vous de connaître vos relations. Regardez donc les 10 commandements pour vous constituer un bon profil dans les pages qui suivent.

Comment soigner votre e-réputation ?

78 % des recruteurs interrogés accordent de l'importance à l'image des candidats sur les réseaux sociaux. Il est donc très important aujourd'hui de contrôler, de maîtriser son image numérique dans le but de se construire une bonne réputation.

La « googlisation »

La première des actions à mener est de vous « googliser ». Sur Google, il suffit d'indiquer votre prénom et votre nom dans la barre de recherche de la façon suivante : « prénom + nom ». Regardez les informations présentes dans la rubrique « Recherche », mais aussi dans la rubrique « Images ». Vous pourrez alors prendre conscience de l'image que vous véhiculez, de toutes les informations disponibles vous concernant et accessibles à tous. Vous y trouverez tous les éléments que vous avez postés, mais aussi les informations diffusées à votre insu. **Pour vous aider à gérer votre image sur le net, Google a mis en place un nouvel outil intitulé « Ma présence sur le Web »,** qui a pour but de faciliter la gestion de votre identité en ligne et d'effectuer une surveillance sur ce que l'on peut voir à votre sujet sur Google.

Réflexion stratégique

Si vous n'avez pas encore de profils sur les réseaux professionnels, il est avant tout primordial de réfléchir à la façon dont vous souhaitez apparaître, autrement dit à l'image que vous souhaitez donner de vous. On parle de *Personal Branding.*

- Quelles sont les informations que vous souhaitez donner ?

VÉCU

NON AUX PHOTOS PERSOS

- **Lors de son inscription sur un *job board* (site sur lequel on peut accéder à des offres d'emploi), une candidate envoie une photo d'elle en pyjama sur sa terrasse, une cigarette à la main.**
- **Un candidat a fourni une photo de lui. Le recruteur se base sur cette photo pour le recevoir à l'accueil. La photo n'est pas du tout ressemblante, et c'est vers une autre personne que le recruteur s'est dirigé.**
- **Une candidate qui postule pour une fonction d'accueil envoie une photo où on la voit en maillot de bain sur la plage.**

• À quel public souhaitez-vous vous adresser ?
• Quelles sont les compétences, qualités, expertise que vous voulez mettre en avant ?
Vous devrez réfléchir à vos points forts, vos qualités, ce qui vous caractérise et aussi ce qui vous différencie des autres.
Si vous avez déjà un profil, veillez à corriger les informations qui ne correspondraient pas à l'image que vous voulez diffuser.
Si votre image est mauvaise, n'hésitez pas à créer de nouvelles pages, de nouveaux blogs à votre nom.
Soyez actif au sein de discussions, de forums. Ces nouvelles informations apparaîtront en première page et permettront d'éloigner celles que vous voulez faire oublier.

Attention aux photos utilisées

Une photo en dit très long sur vous. Pour vos blogs, profils, CV, optez pour une photographie de bonne qualité, de face, avec une bonne lumière, si possible réalisée par un photographe.
• Bannissez les photos de vacances ou les photomatons.
• **Sachez que les profils avec photos sont sept fois plus consultés.**
• Faites également attention de choisir un avatar (petite icône qui vous représente en 2D ou 3D) non choquant, notamment sur Twitter, sur Viadeo ou LinkedIn.

SE CONSTRUIRE UN BON PROFIL

Les 10 commandements

1. REGARDEZ LES PARAMÈTRES DE CONFIDENTIALITÉ ET SCINDER LE PERSONNEL ET LE PROFESSIONNEL

Avant de commencer à compléter votre profil sur les sites, lisez attentivement les informations concernant les paramètres de confidentialité. Limitez certaines de vos informations à vos amis uniquement (par exemple, les albums photos, les blogs personnels). Certains recruteurs conseillent même de faire deux profils (un personnel, dont les informations seront accessibles seulement à vos amis, et un professionnel, pour y noter des informations professionnelles vous concernant). Pensez à bien régler les paramètres des sites sur lesquels vous êtes présent et ce, dès le départ.

2. Soyez honnête

Inutile de mentir ou d'enjoliver la vérité sur vos diplômes, vos expériences : vous le payerez un jour ou l'autre. N'oubliez pas que les réseaux sociaux sont accessibles à tous, donc aussi à vos anciens employeurs ou anciens collègues.

3. Soyez cohérent

Si vous êtes présent sur plusieurs réseaux sociaux, veillez à la cohérence des informations diffusées. Mêmes titres, mêmes fonctions, mêmes missions, mêmes entreprises...

4. Construisez votre réseau

Votre réseau de connaissances est certainement beaucoup plus étendu que vous le croyez.

Pensez à vos amis d'enfance, à vos amis d'école, d'université, à vos anciens collègues, à votre famille. Renouer des liens peut vous aider à trouver de belles opportunités. Ne négligez aucune piste. Néanmoins, n'acceptez pas n'importe quel contact juste pour grossir votre carnet d'adresses. Sélectionnez des personnes qui ont des intérêts communs avec vous, avec lesquelles vous pourrez partager des idées, des informations.

5. Soyez actif

Pour être visible, il ne suffit pas de créer un profil, il faut le compléter consciencieusement. Les profils avec des expériences professionnelles détaillées sont douze fois plus consultés par les recruteurs. Il est également conseillé d'inclure des mots clés pour aider les internautes à vous trouver sur les réseaux LinkedIn ou Twitter, par exemple.

6. Faites-vous connaître et renforcez votre notoriété

Inscrivez-vous sur les *hubs*, forums de discussion liés au métier que vous exercez, aux secteurs d'activités dans lesquels vous travaillez, que vous connaissez.
Participez aux forums, lancez des discussions, partagez les informations, proposez votre expertise, répondez aux questions, diffusez des articles intéressants, bref, donnez de votre temps...
Toutes ces actions permettront d'augmenter votre notoriété et votre visibilité. Une personne active aura beaucoup plus de chance de se faire repérer par un recruteur ou une entreprise qu'une personne passive.

7. Contrôlez-vous

Surveillez votre langage, votre orthographe. Ne vous emportez pas et sachez que les propos tenus sur Internet ne se perdent jamais.

8. Sollicitez à bon escient

Si vous avez besoin d'obtenir des informations, n'hésitez pas à questionner, à contacter des personnes qui pourraient vous aider dans vos démarches.
Prenez contact poliment, en expliquant précisément votre besoin.
N'utilisez pas uniquement les réseaux professionnels pour solliciter un emploi. Sachez quand même qu'il vaut mieux donner avant de demander.

9. Faites-vous recommander

Sur les réseaux professionnels tels que Viadeo ou LinkedIn, il est possible d'obtenir des recommandations. Cela permet aux personnes avec lesquelles vous avez travaillé et qui vous ont apprécié de donner un avis professionnel sur vos compétences, votre personnalité...
Les recommandations sont très intéressantes pour vous comme pour les recruteurs. N'hésitez donc pas à solliciter votre réseau pour en obtenir.

10. Soyez patient

Une réputation se construit avec le temps et les retombées ne sont pas immédiates. C'est un travail quotidien. Répondre aux questions, relayer l'information, mettre à jour vos données, lire des articles...

Autres outils intéressants

Le CV vidéo

Il doit impérativement être court, cohérent (en lien direct avec le CV papier) si vous souhaitez vous différencier de vos concurrents. **Attention :** un bon CV vidéo peut vous aider s'il est correctement réalisé (bonne image, bonne élocution et bonne présentation de votre part, bonnes informations délivrées). Mauvais, il ne fera que vous desservir. Et si vous n'êtes pas vraiment à l'aise devant une caméra, entraînez-vous ou préférez le CV papier.

Les blogs

Vous avez des choses intéressantes à dire, des informations à partager sur votre activité professionnelle, sur l'actualité, sur vos passions... Si votre blog est mis à jour régulièrement et judicieusement, il peut vous permettre de sortir du lot.

L'« effaçage » de vos données

Si vous souhaitez faire disparaître des informations gênantes vous concernant, vous pouvez demander au webmaster du site de les supprimer (en précisant en quoi ces informations vous nuisent) ou à la personne qui les a postées de les retirer. Si la suppression n'est pas effectuée ou effectuable, vous pouvez déposer une plainte en ligne à la CNIL.

Des entreprises spécialisées dans le nettoyage de la e-réputation sont apparues ces dernières années. Elles proposent de supprimer ou d'occulter certaines informations accessibles sur Internet et pouvant nuire à votre réputation. Elles peuvent vous aider à obtenir la suppression des informations préjudiciables, vous créer de nouvelles pages, blogs, pour faire émerger une nouvelle image de vous. Néanmoins, les résultats ne sont pas toujours garantis et ce n'est jamais immédiat.

La veille

Une fois votre ou vos profils créés, il vous faudra constamment surveiller votre réputation. Chaque jour, chaque semaine, des personnes vont vous écrire, vous solliciter, répondre à l'un de vos commentaires, vous poser des questions, souhaiter être en contact avec vous, poster des photos de vous...
Entretenir sa réputation est un travail fastidieux, mais qui porte ses fruits. Comptez deux heures par jour, mais pas plus, car cette pratique est très chronophage.

CONCLUSION

- Internet est à présent un outil de recherche quasiment incontournable pour les recruteurs. Si certains y sont encore réfractaires, une grande majorité d'entre eux reconnaissent son intérêt pour trouver des candidats ou se renseigner sur eux. Cette pratique ira vraisemblablement en s'amplifiant.
- **Il est donc indispensable que vous soyez présent sur les réseaux professionnels,** et particulièrement si votre fonction requiert l'utilisation de cet outil.
- Construisez-vous un profil permettant la mise en avant de vos compétences, de vos atouts, de vos qualités.
- Différenciez bien vie professionnelle et vie privée grâce aux paramètres de confidentialité et veillez à la cohérence des éléments qui sont diffusés sur vous.

9. Des professionnels pour vous aider à progresser

Maintenant que vous avez presque fini de lire l'ensemble de ce livre, vous avez sans doute pu identifier vos points forts et vos points à améliorer.
Où se situent alors vos marges de progression ?
Est-ce votre gestuelle, votre regard, votre voix, votre style vestimentaire, la connaissance de vous-même ou encore votre posture ?
Ce dernier chapitre vous propose quelques disciplines (parmi tant d'autres) qui pourront vous aider à aller de l'avant, à être encore plus vous-même, à gagner en confiance et en assurance.
N'oubliez pas que vous devez être en accord avec votre personnalité et vos valeurs afin de vous épanouir pleinement. Rester soi-même tout en connaissant les codes : tel est votre challenge.
Une personne bien dans sa tête et bien dans son corps a accompli une grande partie du chemin.

MINI SOMMAIRE

- Des coachs pour vous aider à atteindre vos objectifs
- Les conseillers en image
- Améliorez votre apparence grâce aux activités physiques
- Travaillez votre voix avec des experts

Des coachs pour vous aider à atteindre vos objectifs

Vous avez envie de gagner en confiance, vous affirmer, mieux gérer votre stress, mieux vous connaître, changer de métier, surmonter une difficulté... mais vous ne savez pas comment faire pour atteindre cet objectif ?
Vous pouvez dans ce cas faire appel à un coach qui pourra vous accompagner en vous aidant à déployer tous vos potentiels pour parvenir à votre but avec vos propres solutions.

L'origine du coaching

Le mot *coach* est anglais et vient du mot français « coche », lui-même issu du hongrois *kocsi*, qui signifie « voiture transportant des voyageurs ». Le cocher accompagnait les voyageurs d'un point A vers un point B, la destination étant choisie par les voyageurs.
La philosophie du coaching correspond exactement à cette définition : « accompagner une personne pour atteindre un objectif ».

Historique

Le coaching est tout d'abord apparu aux États-Unis, dans les années 1950, dans le show-business, puis dans l'univers sportif. Le coach était là pour aider les artistes ou les sportifs à améliorer leurs performances grâce à un accompagnement physique et mental.
C'est Vincent Lenhardt (consultant, coach et formateur) qui a introduit le coaching en France en 1988, et c'est au milieu des années 1990 qu'a eu lieu le grand développement du coaching d'entreprise dans notre pays.

Coaching d'entreprise et coaching de vie

Au début, le coaching d'entreprise était destiné aux dirigeants, cadres et managers, puis il s'est étendu aux ressources humaines, au conseil et aux commerciaux.

Parallèlement s'est installé le coaching pour les particuliers : coaching de vie (ou *Life Coaching*) qui concerne, comme son nom l'indique, tous les domaines de la vie (professionnel, personnel, familial, relationnel...).
La société a évolué, nous sommes confrontés à de multiples changements. Or, l'homme a peur du changement. **Le coaching permet, entre autres, de mieux faire face aux transitions que nous impose la vie.**

Le coaching, c'est quoi ?

Attention, le coaching n'est ni une psychothérapie ni une psychanalyse. Vous ne travaillez pas sur les causes qui vous ont amené à cet état ou à cette situation, mais sur la façon dont vous allez en sortir.
Vous avez, par exemple, besoin de vous affirmer. La question n'est pas de travailler sur « pourquoi je manque d'assurance », mais « comment je vais gagner en assurance, avoir plus confiance en moi ». Comment je vais d'un point A, qui est la situation actuelle (« je manque de confiance en moi »), à un point B, la situation ou l'état désiré (« j'ai confiance en moi »). Le coaché est donc ancré dans le présent et tourné vers l'avenir.
Le coaching s'inscrit dans une durée limitée, avec un objectif personnel ou professionnel précis, et privilégie donc le comment au pourquoi.
C'est le coaché qui décide d'arrêter quand il estime que son objectif est atteint. Les séances durent entre une et deux heures, sont hebdomadaires ou bimensuelles et peuvent s'étaler sur plusieurs mois. Le nombre moyen de séances se situe aux alentours de dix. Les prix varient entre autres selon l'expérience du coach et votre situation géographique.

Moi, un coaching ? Sûrement pas !

Il y a des décisions, des actions simples, que nous pouvons prendre sans problème et même sans conseil de quiconque. Mais parfois, une incertitude nous habite.
• **N'avez-vous jamais demandé conseil à un ami** sur une décision difficile à prendre, une action à mener, un choix à opérer ?

VÉCU

UN COACH POUR ÉVOLUER

Sylvain est cadre supérieur dans une grande entreprise, dans laquelle il a évolué depuis dix ans. Sa société fusionne avec un autre groupe et les ennuis commencent pour lui. Il doit gérer une nouvelle équipe très mécontente de la nouvelle organisation. Il est confronté à des personnalités particulièrement difficiles et son type de management directif ne convient pas.

Sa direction lui propose un coaching pour l'aider à solutionner cette problématique, mais Sylvain refuse pensant qu'il n'en a pas besoin, qu'il est manager depuis six ans et qu'il viendra à bout de ce problème.

Quelques mois plus tard, à bout de force devant ses multiples échecs et prêt à donner sa démission, il accepte finalement l'aide d'un coach. Ce dernier lui permet entre autres d'instaurer un type de management plus participatif avec ses équipes. Sylvain reconnaît qu'il a refusé par orgueil, qu'il a risqué gros et qu'il aurait pu tout perdre.

• **Avez-vous toujours été satisfait de son aide ?**
En y réfléchissant bien, la réponse est souvent « non » tout simplement car votre ami vous fournit souvent ses propres solutions qui ne sont en aucun cas les vôtres et il ne vous aide donc pas forcément à y voir plus clair ou à avancer.
• **Vous savez que vous avez des difficultés relationnelles**, que vous êtes timide, pas assez ouvert... et que cela peut nuire à votre avenir professionnel.
• **Avez-vous essayé d'y remédier ?**
• Seul ? Avec l'aide d'une personne ?
• Cela a-t-il fonctionné ?
On a beau avoir une grande maturité, de belles expériences, de grandes études... on doit parfois admettre qu'il y a des actions qu'on a du mal à mener à bout. Ce n'est ni une honte ni une faiblesse, mais juste une aide extérieure que l'on doit accepter et surtout demander pour mieux avancer.

Le coaching
s'inscrit
dans une durée limitée,
avec un objectif
professionnel
ou personnel précis,
et privilégie donc
le comment
au pourquoi.

Pourquoi et comment un coach peut m'aider ?

Le coach n'est ni un gourou, ni un psychiatre, ni un psychologue, ni un ami, ni un conseiller. C'est une personne qui va vous aider à penser par vous-même, à trouver vos propres solutions et qui va vous pousser à agir. Combien de fois avez-vous hésité à mettre en œuvre une action par peur, par manque de courage, de motivation ?
Grâce à des techniques de PNL (programmation neurolinguistique), d'analyse transactionnelle, de systémie, de questionnement... et surtout grâce à de grandes qualités d'écoute, d'observation et de bienveillance, le coach vous amène à une réflexion approfondie sur vous-même afin d'atteindre vos buts.

Le rôle du coach

Il va vous fixer un objectif clair et précis, vous poser les bonnes questions, analyser les situations en toute objectivité, envisager des options et vous accompagner, vous soutenir dans vos actions.

Quel coach choisir ?

Avant de démarrer un coaching, il est primordial de vous assurer que la personne a reçu une solide formation et qu'elle est diplômée. Le coaching est un vrai métier et ne s'improvise pas. Un coach est un professionnel de l'accompagnement au changement qui a reçu un enseignement avec de vraies méthodes éprouvées et approuvées.
Trop de personnes se font appeler « coach » alors qu'elles n'en ont ni la formation ni les compétences. Il n'y a hélas pas de diplôme reconnu par l'État, mais vous pouvez néanmoins vous renseigner sur l'école suivie par le coach.

- Existe-t-elle depuis longtemps ?
- Quel type de formation dispense-t-elle ?
- Est-elle reconnue par le métier ?
- Le coach figure-t-il dans son annuaire ?
- Ensuite, il est important que le courant passe entre lui et vous.

Vous allez devoir lui confier beaucoup de choses sur vous et il est essentiel que vous vous sentiez en confiance.

En résumé

Optez pour un coaching pour des raisons personnelles et/ou professionnelles si vous avez un objectif que vous n'arrivez pas à atteindre seul, si vous avez besoin ou envie de :

- **Vous affirmer, reprendre confiance en vous.**
- **Changer d'orientation professionnelle.**
- **Évoluer professionnellement.**
- **Mieux vous connaître.**
- **Gérer des problèmes relationnels, d'organisation, de stress.**
- **Surmonter une difficulté ou passer un cap délicat, douloureux.**
- **Réfléchir et travailler sur vous pour aller mieux et mieux rebondir.**

Les conseillers en image

Une bonne image est non seulement fondamentale pour le recruteur, mais également pour vous puisque vous gagnerez en estime de vous-même.
Les conseillers en image vont vous donner une bonne image de vous-même en vous apportant des conseils pratiques et personnalisés, et en vous permettant de trouver le style qui révélera votre personnalité et qui vous aidera à mieux intégrer une fonction, une entreprise.

Conseil en image *vs* relooking

Le relooking est une transformation éphémère de votre look, de votre apparence. Depuis quelques années, des émissions de télévision proposent de transformer des femmes ou des hommes en des princesses et princes d'un jour.

Le relooking : une transformation éphémère

Princesses et princes d'un jour en effet, car une fois la « relookeuse » partie avec sa maquilleuse, son coiffeur, ses vêtements

et accessoires, les prétendants se retrouvent démunis sans leur carrosse.
Dans ce type de prestation, une personne détermine de façon assez arbitraire et subjective quel look pourrait vous convenir. Tout cela sans tenir compte de votre personnalité, de vos contraintes personnelles et professionnelles, de vos envies et surtout sans vous former, vous apprendre quoi que ce soit.

Le conseil en image : un changement plus profond

Un conseiller en image démarre par un entretien de coaching d'une heure environ, durant lequel le conseiller apprend à vous connaître. Il aborde avec vous toutes les sphères de votre vie, votre style actuel, ce que vous souhaitez changer, conserver, vos motivations, contraintes, appuis extérieurs...
Cette phase est primordiale. Elle permet, d'une part, de vérifier votre motivation et, d'autre part, de déterminer un ou plusieurs objectifs par rapport à vos besoins.

Changer d'image : pour quel objectif ?

Les raisons du changement sont personnelles et/ou professionnelles, mais les objectifs définis devront toujours émaner uniquement de la personne qui est coachée. Il faut une volonté profonde et personnelle de changer pour y arriver. C'est parfois un long chemin, qui demande un temps d'adaptation. On ne change pas si facilement les habitudes prises depuis des années. Il faut être motivé et convaincu.

Atteindre l'image désirée

Une fois le ou les objectifs clairement définis, tout le conseil en image sera orienté dans le but de vous apprendre comment atteindre l'image désirée.
Vous recevrez des conseils personnalisés par rapport à vos objectifs, mais aussi par rapport à votre morphologie, votre typologie de couleurs.
À l'issue de la prestation, vous aurez tout le matériel nécessaire pour être autonome sur tous les aspects de votre image (couleur, style, coupe de cheveux, accessoires, maquillage...).

À quoi peut me servir le conseil en image dans le cadre de ma recherche d'emploi ?

Comme vous l'avez compris, il existe des codes vestimentaires dans quasiment chaque entreprise et pour chaque fonction.

Trouver le bon code vestimentaire

Le conseiller en image peut donc vous aider sur ce point. Il vous expliquera quel style vous pouvez adopter, quelles harmonies vous devez privilégier, quelles couleurs porter, quelles coupes vous mettent le plus en valeur et celles à éviter.

VÉCU

Une image plus moderne

Paul est venu me voir, car il souhaitait changer d'orientation professionnelle. Il était technicien en laboratoire et voulait vivre de sa passion : les étoiles. Il voulait organiser des ateliers, des formations pour les jeunes auprès des centres de loisirs, des écoles, des centres de vacances. Il avait monté sa structure en auto-entrepreneur et avait commencé les démarches de prospection.

Dès les premiers contacts, il avait la sensation de ne pas « attirer » ses interlocuteurs, de ne pas les sentir à l'aise avec lui. Les personnes qu'il était amené à côtoyer étaient plutôt jeunes, dynamiques, modernes. Le look de Paul était un peu désuet, austère. Nous avons déterminé ensemble qu'il se devait d'être plus accessible, plus ouvert dans son image. Tous les modules du conseil en image ont été déroulés dans le but de lui permettre d'atteindre cet objectif.

Paul a changé beaucoup de choses dans sa présentation : les couleurs, le style vestimentaire, l'hygiène, la coupe de cheveux, les lunettes. J'ai également travaillé avec lui sur la communication non verbale pour l'aider à fluidifier et à améliorer ses échanges. Il m'a envoyé quelques semaines plus tard un mot et des photos de lui, littéralement métamorphosé : il avait un sourire radieux, une posture plus assurée, un look très moderne... et surtout il avait décroché deux contrats. Il m'a confié être plus à l'aise dans sa vie professionnelle, mais aussi dans sa vie privée.

Il pourra aussi vous faire prendre conscience que les entreprises ou les fonctions que vous convoitez ne sont pas à l'image de ce que vous aimez ou de votre personnalité. Il faudra dans ce cas, si vous le pouvez, adopter un look pour le travail et un look en dehors du travail ou alors orienter votre carrière différemment. Vous pouvez également avoir besoin pour postuler à certaines fonctions de donner l'image d'une personne plus mature, plus professionnelle, plus dynamique... Le conseiller vous apprendra comment, au travers des couleurs, coupes, tissus, accessoires, maquillage ou coiffure, atteindre cet objectif.
À l'issue de la prestation, vous serez donc à même de doser ces différents paramètres pour adopter le look souhaité.

Améliorer votre communication non verbale

Elle est souvent maîtrisée par les conseillers en image et sa connaissance vous sera très utile pour vos entretiens.
Vous obtiendrez des informations très précises sur les postures à adopter, la façon de vous asseoir, de marcher, quels gestes parasites éviter, comment exploiter au mieux votre voix, comment utiliser la synchronisation... Vous apprendrez finalement à mieux communiquer.

Être vous-même

Et enfin, l'un des autres éléments que vous avez appris dans ce livre, c'est que **vous devez être vous-même.**
Il existe parfois un décalage entre la personnalité des candidats et leur image. Une belle harmonie entre qui vous êtes au plus profond de vous et l'image que vous donnez de vous-même vous permettra d'avoir une meilleure estime de vous et rassurera votre interlocuteur.
Le conseiller en image, grâce à un entretien approfondi, saura comprendre votre personnalité, vos motivations, besoins, atouts et vous aider à trouver votre propre style.

Les bénéfices attendus

Les avantages peuvent être multiples et se situent à différents niveaux.

D'UN POINT DE VUE PERSONNEL

• Vous ne perdrez plus des heures à hésiter devant votre armoire.
• Vous n'effectuerez plus d'achats compulsifs de vêtements.
• Vous saurez ce qui vous met en valeur et ce qu'il est préférable d'éviter, notamment en fonction de votre morphologie. Vous saurez mettre en valeur vos atouts.
• Vous vous sentirez mieux dans votre corps, dans votre style.
• Vous apprendrez à vous aimer, vous accepter.
• Vous communiquerez mieux avec les autres.
• Vous gagnerez en confiance et en assurance.
• Vous rayonnerez aux yeux des autres.

D'UN POINT DE VUE PROFESSIONNEL

• Vous saurez quelles tenues adopter pour donner l'image souhaitée (dynamisme, professionnalisme, communiquant...).
• Vous connaîtrez les règles de la communication non verbale et entrerez mieux en contact avec vos interlocuteurs.
• Vous connaîtrez les codes vestimentaires des entreprises et des fonctions que vous recherchez.
• Vous saurez vous mettre en valeur.
• Vous communiquerez mieux avec vos interlocuteurs.
• Vous gagnerez en assurance et en confiance.

EN RÉSUMÉ

Le conseil en image n'est en aucun cas un travestissement de vous-même. Il révèle l'expression de votre style personnel par une mise en valeur de vos atouts.

Votre image sera le reflet sincère et réel de la personne que vous êtes ou que vous souhaitez devenir. Votre personnalité est faite de qualités que vous apprendrez à mettre en valeur et de complexes que vous parviendrez à atténuer. Vous aurez le sentiment que l'image que vous donnez de vous est bien en adéquation avec ce que vous êtes à l'intérieur de vous.

Améliorez votre apparence grâce aux activités physiques

Besoin de vous défouler, de vous dépasser, de diminuer votre stress, de corriger votre posture, de vous muscler, d'affiner votre corps ?
Quels que soient votre désir et l'activité physique choisie, un esprit sain dans un corps sain sera la clé de votre bien-être.

L'intérêt de pratiquer un sport ou une activité physique

Outre les bénéfices bien connus sur la santé, pratiquer un sport ou une activité physique de façon régulière permet de :
- diminuer le stress, la dépression et l'anxiété,
- se fixer des objectifs raisonnables et atteignables,
- améliorer la qualité du sommeil (en effet, après s'être dépensé, on s'endort plus rapidement),
- améliorer sa respiration,
- perdre du poids et/ou d'affiner son corps.

Sports en salle, à domicile ou à l'extérieur

Il existe de multiples possibilités de faire du sport. Quel que soit celui que vous choisissez, il vous faudra du courage, de la persévérance et de l'assiduité si vous voulez des résultats. On n'a rien sans rien. Pour qu'elle soit vraiment efficace, une activité physique doit être pratiquée au moins vingt minutes trois fois par semaine. D'où l'importance de choisir celle qui vous conviendra le mieux et à laquelle vous vous adonnerez avec plaisir sur le long terme.

Les salles de sports

Les années 1980 ont vu naître les salles de sports en France, phénomène qui nous est venu des États-Unis. Aujourd'hui, ces salles continuent de fleurir aux quatre coins des villes et comptent toujours de très nombreux adhérents. Il existe plus d'une quarantaine d'enseignes en France.

Pour être efficace, un sport doit être pratiqué idéalement 3 fois par semaine : choisissez celui qui vous convient le mieux et que vous aurez plaisir à exercer.

On y pratique de multiples sports, essentiellement de façon collective (à part la musculation avec des machines spécifiques). Un coach sportif est parfois présent pour vous aider à construire votre plan d'action : quels cours, quels appareils, quels muscles... pour quels résultats. Certains clubs sont régionaux, d'autres nationaux et vous avez la possibilité d'aller dans celui de votre choix avec un seul abonnement.
Certaines enseignes sont réservées exclusivement aux femmes, d'autres, appelées *low cost*, pratiquent des tarifs moins élevés. Les tarifs varient de 300 euros à plus de 1 200 euros par an selon les clubs et les régions.

Les coachs à domicile

Plus besoin d'être une star pour avoir son coach à domicile. En effet, depuis quelques années, seul ou à plusieurs, vous pouvez faire appel à un coach sportif qui viendra à domicile vous proposer des exercices physiques adaptés à vos besoins. Les avantages de cette formule sont multiples :

- vous n'avez pas à vous déplacer (si c'est chez vous),
- vous pouvez partager les honoraires du coach (si vous êtes plusieurs),
- vous choisissez vos horaires de cours,
- si vous êtes un peu timide ou complexé, vous n'aurez pas à vous déshabiller dans des vestiaires communs,
- vous pouvez parfois régler les séances en chèque emploi service, donc bénéficier de remises fiscales éventuelles.

Les tarifs varient de 35 à 85 euros la séance d'une heure en fonction du coach choisi. Les tarifs sont dégressifs.

Les sports en extérieur

Ils ont souvent l'avantage d'être gratuits, mais attention de ne pas vous lancer tête baissée sans les conseils d'un pro. Au lieu d'en retirer des bénéfices, vous pourriez vous faire de fortes douleurs et tensions. Agréables l'été, ils peuvent devenir moins enthousiasmants par temps froid et pluvieux. Exemples de sports de plein air : jogging ou course à pied, marche, vélo, escalade, roller...

Quels sports pour quels besoins ?

Il existe des centaines de sports. Voici les plus récents et/ou les plus efficaces selon les bénéfices attendus. Demandez toujours conseil avant de vous lancer !

Les cardio-vasculaires pour améliorer le rythme cardiaque ou perdre du poids

L'aquacycling, ou aquabiking : il s'agit de pédaler sur un vélo d'appartement placé dans l'eau. Le coach varie les exercices sur des musiques rythmées pour solliciter les muscles des cuisses, des fessiers, des mollets, des abdominaux, des bras et du dos. Ce sport permet de bien drainer les graisses et on constate assez rapidement des effets positifs sur la silhouette. Autre avantage : pratiqué dans l'eau, les articulations souffrent moins et vous avez moins de courbatures.

L'aquagym : si vous n'êtes pas un grand sportif, ce sport est idéal pour vous. En effet, les mouvements sont facilités, car ils sont réalisés dans l'eau : le corps ne pèse alors qu'un tiers de son poids. Néanmoins, l'eau créant plus de résistances que l'air, les muscles travaillent davantage. On dit que trente minutes d'aquagym équivalent à une heure et demie de gymnastique terrestre. L'aquagym permet non seulement de remodeler la silhouette, mais aussi d'augmenter le tonus musculaire et respiratoire. Comme l'aquacycling, les articulations souffrent moins et vous avez moins de courbatures.

Le Body Attack : il s'agit d'enchaînements de mouvements chorégraphiés pour travailler votre endurance, votre force, votre résistance, et tout cela, en musique. On dépense beaucoup d'énergie et on brûle un maximum de graisses.

Le Body Combat : ce cours est inspiré des arts martiaux. En musique, vous enchaînez coups de poings, coups de pieds, frappes… Vous êtes votre seul adversaire, vous repoussez vos limites et vous vous dépassez. Travail des épaules, de la poitrine, du dos, des abdominaux, des bras et des mollets.

La zumba : nouveau sport apparu en 2010 en France après dix ans d'existence. Créé en Colombie en 2000 par Alberto Perez, professeur de danse et de fitness, cette activité connaît aujourd'hui un succès phénoménal dans le monde entier (12 millions d'adeptes dans 125 pays). La zumba est un mélange de danses latines avec des mouvements de fitness.
Les bienfaits sont autant physiques (muscler les cuisses, ventre, bras, fesses, avec une perte de poids) que psychologiques (convivialité, lâcher prise, travail de la mémoire et des réflexes). Un excellent exutoire !

Les sports qui corrigent les postures et diminuent le stress

La gymnastique posturale, ou stretching postural : votre dos est voûté, vous ressentez des douleurs dorsales ou vous voulez vous faire un port de reine, avoir un dos bien droit, alors tentez la gymnastique posturale. Variante du Pilates, elle vous aidera à faire travailler vos muscles posturaux en les étirant et en les contractant.

La natation : sa pratique régulière améliore le système cardio-vasculaire, le tonus musculaire et réduit les risques de surpoids et de diabète. Elle permet aussi de diminuer les douleurs dorsales si vous préférez le crawl ou le dos crawlé à la brasse. Enfin, elle apaise et décontracte.

Le Pilates : souvent pratiquée sur des musiques douces, cette activité permet d'améliorer la souplesse et d'éliminer les tensions. Vous renforcez votre sangle abdominale en profondeur, mais en douceur, et gagnez un ventre plat. Les exercices sont fondés sur la respiration, le contrôle, l'alignement de la colonne vertébrale et le maintien d'une bonne posture.

À retenir

Que ce soit pour vous relaxer, vous défouler, galber votre corps, maigrir, vous muscler, soulager des douleurs, avoir un meilleur maintien, rien ne vaut la pratique d'une activité physique régulière qui vous plaît et vous correspond.

- **Pour galber vos fessiers :** jogging, aquacycling...
- **Pour perdre du poids :** course à pied, vélo, natation, gymnastique...
- **Pour un ventre plat :** aquacycling, Pilates, danse...
- **Pour de belles jambes :** aquacycling, course à pied, roller, vélo, aquagym...
- **Pour soulager votre dos et améliorer votre maintien :** natation, stretching, Pilates, yoga, gymnastique posturale...

Le stretching : des postures lentes sur une musique calme permettent de délier les articulations, de vous assouplir, d'étirer les différents muscles du corps, de favoriser la détente. La pratique du stretching peut également corriger les déformations musculaires dues à de mauvaises positions.

Le yoga : les vertus du yoga sont très nombreuses. Il favorise presque instantanément la détente mentale et musculaire, développe la souplesse, améliore la digestion et le sommeil, combat le stress et l'anxiété.

Travaillez votre voix avec des experts

Nous l'avons vu notamment au chapitre 4 : la voix est un outil primordial dans la transmission de votre message. Comme votre apparence physique, votre voix renvoie une image de vous. Si votre voix ne vous convient pas, il s'agit tout d'abord de poser le diagnostic pour savoir à qui vous adresser.

Ce si bel outil : votre voix

Posséder une voix sûre, une belle diction sont des atouts très précieux dans de nombreuses situations professionnelles.
La voix est un outil formidable qui permet de mieux communiquer avec les autres. Outre le message que vous souhaitez délivrer, elle permet également de faire passer des émotions.
La voix est un élément essentiel et primordial dans notre communication et pourtant trop souvent oubliée et négligée. Très peu de personnes prennent conscience du potentiel de leur voix.

Diagnostiquer le « problème »

Il ne suffit pas de ne pas aimer sa voix pour en changer. En effet, votre voix est intimement liée à votre vécu, votre personnalité, vos émotions, vos ressentis, elle fait partie intégrante de vous.

Jean Sommer, coach vocal, dit même : « La voix est notre double invisible. »

Parfois, elle peut vous handicaper plus ou moins sérieusement et pour des raisons diverses et variées.

Parole d'expert

« Dans 90 % des cas, les gens n'aiment pas leur voix enregistrée, car ils ne la connaissent pas. Ils découvrent un décalage avec celle qui résonne en eux par l'intermédiaire des os, celle qu'ils ont l'habitude d'entendre et sont les seuls à pouvoir percevoir », explique le Dr Élisabeth Fresnel, phoniatre et auteur de *la Voix* (Éditions Le Rocher, 1997).

VOTRE VOIX EST TIMIDE, MAL PLACÉE, MANQUE D'ASSURANCE

Vous pouvez consulter un **coach vocal** ou un expert vocal qui vous enseignera des techniques pour poser votre voix, sa musicalité, améliorer votre diction, votre articulation, maîtrisez votre souffle. Il pourra également vous aider à vous exprimer en public. Si vous aimez chanter, vous pouvez également contacter un **professeur de chant** qui vous aidera à faire sortir votre voix. Choisissez-le en fonction de vos goûts musicaux.

Vous pouvez enfin vous tourner vers le **théâtre** qui vous permettra de vous libérer, de vous exprimer avec plus d'assurance.

VOUS AVEZ DES TROUBLES DE LA DICTION (BÉGAIEMENT, DYSLEXIE...) OU DES PROBLÈMES DE DÉGLUTITION

L'orthophoniste sera l'interlocuteur à contacter. Vous ferez avec lui des exercices pour rééduquer votre voix. Il traite les troubles de la voix, de la parole et du langage chez les enfants, mais aussi chez les adultes.

VOUS FORCEZ POUR PARLER

Votre voix s'altère, vous êtes souvent aphone, vous portez votre main à votre gorge comme pour vous soulager... Vous avez besoin de consulter un **phoniatre**. Il réalisera un bilan phoniatrique pour faire un diagnostic de l'altération de votre voix. Au terme du bilan, il établira un plan d'action personnalisé.

On ne choisit
pas sa voix,
on trouve sa voix.

VOUS ÊTES SOUVENT ENRHUMÉ, VOUS RESPIREZ MAL, VOUS ÊTES SOUVENT PRIS DU NEZ

C'est l'**ORL** qu'il vous faut contacter. Il est le spécialiste du traitement des troubles du nez, de l'oreille et de la gorge. Une infection de l'un ou plusieurs de ces organes peut plus ou moins modifier votre voix.

Vous affirmer grâce à votre voix

Trouver sa voix, c'est trouver celle qui va avec votre personnalité. Vouloir à tout prix changer de voix ne résoudra pas tous vos problèmes et ne changera pas la personne que vous êtes. Pour aider à changer une voix, il faut tenir compte de votre personnalité, de votre histoire, de votre environnement culturel... On ne choisit pas sa voix, on trouve sa voix. Apprenez à l'écouter, à la connaître et à l'aimer. Souvent, les personnes qui n'aiment pas leur voix ne s'aiment pas.

CONCLUSION

Ne négligez pas votre voix, car elle a un fort impact sur vos interlocuteurs. Outre l'impact positif sur votre discours, travailler votre voix vous permettra de renforcer votre estime de soi et vous donnera, aux yeux des autres, une plus grande crédibilité et une belle assurance.

En travaillant, en trouvant votre voix, vous prendrez conscience que les messages que vous délivrez seront mieux perçus, mieux compris.

La voix est également un élément de séduction très important dans une relation.

Conclusion

Le but de tous ces conseils n'est pas de vous transformer en des êtres identiques et robotisés. Il s'agit bien de vous faire prendre conscience qu'il existe des us et coutumes qu'il faut respecter dans l'entreprise.
La subtilité réside dans le fait de savoir précisément qui vous êtes, ce que vous voulez et de connaître ces règles afin d'être le plus confiant et le plus à l'aise possible.

Être ou rester soi-même, c'est avant tout être en accord avec vos valeurs, vos principes, vos motivations, vos envies. Il n'est donc pas question de vous travestir, car plus vous resterez vous-même plus vous trouverez un poste en adéquation avec vos valeurs.
L'entreprise ne se pliera pas à vous, ne changera pas pour vous et vous n'avez pas à plier pour elle non plus. Le mieux est donc, en amont, de faire en sorte de trouver l'entreprise qui vous corresponde, qui vous propose des règles que vous acceptez, des valeurs que vous partagez afin de vous y sentir le mieux possible.
Les entreprises ont toutes un code vestimentaire explicite ou implicite. Le but est d'arriver à trouver l'équilibre entre les codes vestimentaires à respecter au sein de l'entreprise et votre personnalité.
Si le recruteur est attentif à votre communication non verbale, c'est parce qu'elle est révélatrice de nombreux éléments de votre personnalité. Il saura si vous pouvez ou non correspondre à la fonction et à l'entreprise et surtout vous y intégrer.
De nos jours, avoir les compétences nécessaires est un pré-requis mais n'est pas suffisant. Les entreprises veulent investir en des hommes et des femmes qui non seulement seront performants dans leur domaine, mais aussi donneront une bonne image de l'entreprise en interne et en externe.
Cela sera également un gage pour eux de votre motivation et de votre envie de rester dans l'entreprise. Elles savent pertinemment qu'un salarié qui n'est pas bien dans l'entreprise ne s'investira pas et/ou ne restera pas. Or, c'est un manque à gagner énorme pour elles.

Si vous ressentez
le besoin de changer,
faites-le en priorité pour vous,
car comme vous avez pu le lire
dans ce livre,
améliorer son image
a un impact positif
sur l'estime
de soi.

Votre estime réévaluée, vous aurez la possibilité de vous mettre plus facilement en action, et donc plus de chances d'aboutir au succès.
Votre assurance retrouvée, vous aurez une meilleure posture, une plus grande facilité à vous exprimer, vous occuperez mieux l'espace, votre voix sera claire et posée, votre discours plus fluide et plus assuré...
Tout ce travail que vous réaliserez sur vous n'est ni vain ni futile, car cette mise en valeur globale vous conduira au bien-être, au rayonnement.
Avoir une bonne image, c'est d'une part se sentir bien dans son corps et dans sa tête et, d'autre part, connaître et respecter les codes inhérents à la « tribu » que l'on veut rejoindre.

Pour vous donner les meilleures chances de réussir vos entretiens vous trouverez dans les pages suivantes quelques recommandations :

Avant le jour de l'entretien

1. **Faites un bilan sur vous** : votre parcours, vos expériences, vos atouts, vos points forts, vos lacunes, vos succès, vos échecs.
2. **Sachez précisément qui vous êtes** et ce que vous voulez, où vous voulez aller, mais également ce que vous ne voulez pas.
3. **Préparez votre discours** et les réponses aux questions que les recruteurs pourraient être amenés à vous poser en fonction de votre parcours.
4. **Filmez votre prestation** pour prendre conscience des gestes parasites, de votre posture, de la fluidité de votre discours, des expressions, mimiques de votre visage, de vos silences... Améliorez ce qui peut l'être. Vous gagnerez en confiance et en crédibilité.
5. **Construisez-vous une belle image numérique** en cohérence avec ce que vous recherchez.
6. **Enquêtez sur l'entreprise** à laquelle vous postulez. Étudiez bien l'annonce ou les éléments en votre possession concernant le poste pour lequel vous êtes convoqué.
7. **Calculez le temps de trajet** nécessaire pour vous rendre à l'entretien.
8. **Préparez et essayez votre tenue vestimentaire** (repassage compris) en ayant pris soin de vous renseigner sur les codes vestimentaires de votre fonction, du secteur d'activité visé, de votre typologie de couleur pour vous mettre le plus en valeur possible.
9. **Préparez les divers documents** dont vous aurez besoin pour l'entretien (CV, bloc-notes ou feuilles blanches, stylos, sacoche...). Dites-vous que, si tout est prêt, vous vous évitez un stress supplémentaire le jour J.
10. **Relaxez-vous**, prenez soin de ne pas trop vous mettre de pression les jours précédents l'entretien. Faites quelques exercices de relaxation si vous êtes particulièrement stressé ou du sport pour expulser vos tensions.
11. **N'hésitez pas à consulter des professionnels** dans les domaines pour lesquels vous sentez que vous avez besoin d'évoluer.

Le jour de l'entretien

1. Ne stressez pas si vous êtes convoqué : c'est que vous intéressez le recruteur ou l'entreprise.
2. Prévoyez suffisamment de temps pour vous préparer.
3. Prenez un petit déjeuner complet (fruit frais ou jus de fruit, céréales ou pain, café ou thé) pour avoir l'énergie nécessaire pendant toute la matinée (si votre rendez-vous a lieu le matin). Prenez un déjeuner léger avec légumes, féculents, viande et fruit et/ou yaourt si votre entretien a lieu l'après-midi.
4. Prenez une bonne douche, parfumez-vous légèrement, rasez-vous de près, messieurs, et maquillez-vous sobrement, mesdames.
5. Ne tergiversez pas des heures devant votre dressing, mais portez la tenue que vous aurez soigneusement pris le temps de sélectionner la veille.
6. Regroupez dans un même sac tout ce dont vous aurez besoin et que vous aurez également préparé la veille.
7. Relisez brièvement vos notes (parcours, CV...) si vous en éprouvez le besoin.
8. Prévoyez de partir un peu en avance pour éviter tout imprévu (grève, embouteillages...).
9. Juste avant de passer la porte de l'entreprise, **faites quelques exercices de relaxation** et de diction pour vous décontracter tous les muscles.
10. Souriez, marchez la tête haute et le buste bien droit.
11. Faites-vous confiance. Vous avez des compétences, vous êtes motivé(e), vous avez envie de réussir.

Faites entrer toutes ces pensées positives dans votre esprit afin de partir gagnant. L'entreprise a besoin de vous et de ce que vous pouvez lui apporter.

Bibliographie

Ouvrages

■ *Décrypter le langage du corps,*
Wu Donway, 2011, édition Vocatis

■ *Image et image de soi -*
Faire de son image un atout professionnel,
S. Millécamps, 2011, éditions Dunod

■ *La Communication non verbale,*
Comprendre les gestes et leur signification,
Guy Barrier, 2010, ESF éditeur

■ *La Bible de la communication non verbale,*
Jean-Claude Martin, 2010, Leduc.S éditions

■ *Donnez une bonne image de vous,*
Aude Roy, 2010, Interéditions

■ *La Synergologie : comprendre son interlocuteur à travers sa gestuelle,*
Philippe Turchet, 2010, Pocket

■ *Bien préparer ses entretiens avec les recruteurs,*
Christine Aubrée, 2007, L'Étudiant

■ *L'Odyssée de la voix,*
Jean Abitbol, 2005, Robert Laffont

SITES

MHD Coaching : l'école des coachs
http://www.mhdcoaching.com

Annuaires coaching
http://www.coach-2-france.com ou http://annuairecoaching.fr

Agence Kosy : coaching et conseil en image
www.agencekosy.com

Également chez Larousse

Prix : 5.90€

Jean-Yves Arrivé
Les 50 règles d'or
de l'entretien
d'embauche
LES MINI LAROUSSE

Les 50 règles d'or de la
négociation
Jean-Paul
Guedj
LES MINI LAROUSSE

Les 50 règles d'or de la
(sur)vie
en entreprise
Jean-Paul Guedj
LES MINI LAROUSSE

Les 50 règles d'or du
management
Jean-Paul Guedj
LES MINI LAROUSSE

Prix : 3.50€

Photogravure IGS-CP, 16 L'isle d'Espagnac
Imprimé en Italie par La Tipografica Varese Srl, Varese
Dépôt légal : septembre 2015
316867/01 - 11031188 – août 2015